SV

Band 1054 der Bibliothek Suhrkamp

Dolf Sternberger
Figuren der Fabel

Essays

Suhrkamp Verlag

Der Text folgt der 1950 erschienenen Erstausgabe

Erste Auflage 1990
Suhrkamp Verlag Frankfurt am Main
Copyright 1950 by Suhrkamp Verlag, Berlin und Frankfurt/Main
Alle Rechte vorbehalten
Druck: Nomos Verlagsgesellschaft, Baden-Baden
Printed in Germany

INHALT

Man unternehme das Leichte, als wäre es
schwer, und das Schwere, als wäre es leicht
Gracian, Handorakel

Wir wissen nicht mehr viel von den Fabeln und den Figuren der Fabel. Ein paar Redensarten bewahren ihre Reste und Spuren, – kaum daß wir es merken: der Löwenanteil, der Wolf im Schafspelz, der Fuchs, dem die Trauben zu hoch hängen. Vielleicht stammen auch gewisse Schimpfnamen, die noch nicht aus der Mode gekommen sind, aus dem Bereich der Fabel: so, wenn wir jemanden einen Esel oder ein Schaf heißen; darin scheint die Erinnerung zu stecken, daß Esel und Schaf in der Fabel unrühmliche Rollen spielen. Und wer Französisch auf der Schule gelernt hat, der kennt noch »Le corbeau et le renard« oder »La cigale et la fourmi« oder alle beide Gedichte von Lafontaine, womöglich sogar auswendig. Aber damit ist es auch zu Ende, und die Schulerinnerung trägt obendrein das ihrige zu der Meinung bei, Fabeln seien eine Sache für Kinder, die Fabelkunst eine Kinder- und also eine niedere Kunst, wir Erwachsenen könnten und wollten nicht aus Fabeln lernen, und überhaupt sei die Kunst nicht dazu da, uns zu belehren, sondern uns zu ergötzen, zu erbauen oder zu erheben. Das sind Meinungen, die fürs erste nur so viel zeigen, daß die Fabel als literarische Gattung fast verschollen ist.

Es muß immerhin stutzig machen, daß wir etwas vergessen haben, was gut seine zweitausend Jahre lang und bei allen möglichen Völkern in Blüte und Geltung stand. Und es muß ferner stutzig machen, was für einen ehrwürdigen und tiefsinnigen Ursprung das bloße Wort »Fabel« hat: man kann es überall nachlesen, daß es sich von dem lateinischen Verbum »*fari*« herleitet, welches nichts Geringeres bedeutet als »sprechen«. »Fabel« heißt also »Sprache« (alle romanischen Sprachen haben diesen Zusammenhang übrigens bis heute bewahrt), und das besagt, wenn man es umkehrt, »daß unser Sprechen ein Fabeln ist«. Diese Bemerkung hat der Sprachgelehrte *Karl Voßler* gemacht, und er hat hinzugefügt: »Das Problem der menschlichen Rede ist das Kunstproblem der Fabeldichtung.« Er meint das Problem des Gleichnisses.

Lektionen vom Wolf und Lamm

Was wollen denn aber Fabeln, oder was will die Fabel uns lehren? Lehrt sie den Anstand, die Sitte, die Moral? Solcherlei Lektionen hört freilich keiner gern an, und schon gar nicht von einem Dichter. Wozu wird dann eine Fabel zuerst erzählt – eine Fabel besteht ja vor allem aus einer Erzählung, einer Geschichte, so viel weiß man –, wenn es schließlich doch auf eine Lektion hinausläuft? Warum rückt man nicht sogleich mit der Lektion oder mit der Anstandsregel heraus? Nur damit sie schmackhafter werde? So eine Tiergeschichte kann freilich Vergnügen machen, aber dem oder jenem Tier nachzueifern, und sei es auch nur ein Gleichnistier oder Fabelwesen, dafür sind wir uns doch zu gut, und wenn dies die Absicht wäre, so hätten es die Fabeldichter schlecht angefangen, wenigstens in taktischer Hinsicht. Aber sehen wir zu, wie die Lektionen beschaffen sind und wie sie sich zu den Erzählungen verhalten. Ein Beispiel!

Der Wolf und das Lamm. Der Wolf und das Lamm tranken aus demselben Bach, der Wolf oben, das Lamm weiter unten. Der Wolf fuhr aber das Lamm an, warum es ihm das Wasser trübe. Das Lamm gab zur Antwort: Wie kann ich dir denn das Wasser trüben, da du doch oben trinkst! Allenfalls könntest du mir das Wasser trüben. Was, du fluchst mir auch noch? sagte der Wolf, worauf das Lamm ihm versicherte, daß es ihm durchaus nicht fluche. So, gab der Wolf zurück, du hast es im vorigen Jahre ja auch getan. Aber da war ich ja noch gar nicht geboren, sagte das Lamm wahrheitsgemäß. Dann war's dein Bruder. – Ich habe gar keinen Bruder. – Dann war's irgendein anderer von deiner Verwandtschaft, ihr alle und eure Hunde und eure Schäfer plagt mich ja zu jeder Zeit, und ich muß euch bestrafen. Sprach's, zerriß das Lamm und fraß es auf.

Das ist die Erzählung, die hier nicht in der frühesten, aber in der schlüssigsten Version wiedergegeben ist – ohne Rücksicht auf die Abweichungen, die sie in mehr als zwanzig Jahrhunderten erfahren hat. Welches ist nun die Lehre, die wir daraus ziehen sollen? Sollen wir uns an diesem Wolf ein Muster nehmen? Offenbar nicht. Oder am Lamm? Gewiß ebensowenig, denn man wird uns kaum raten, uns zerreißen und fressen zu lassen. Keine der beiden handelnden oder leidenden Figuren dieser Fabel könnte ein Vorbild abgeben. Wenn aber kein Muster – worin besteht sonst die Lektion? Sehen wir zu, was die Erzähler selbst antworten. Der alte *Aesop*, nach der Überlieferung, die freilich erst im vierzehnten Jahrhundert festgelegt worden ist, sagt:

»Die Fabel lehrt, daß die böse Natur, die sündigen *will*, wenn sie es unter keinem zulässigen Vorwande kann, unverhohlen Sünde begeht.«

Unverhohlen? – In der Fassung, wie die Fabel hier erzählt worden ist, bleibt der Wolf bis zum bitteren Ende durchaus verhohlen, er wechselt nur die Argumente; in der äsopischen Fassung verhält es sich zwar ein klein wenig anders, aber der Kern der Erzählung ist derselbe, und so ist es merk-

würdig, daß die Lektion gerade auf diese winzige Abwei-
chung sich gründet, auf diesen kleinen Augenblick am
Schluß, wo der Wolf die Larve des guten Rechts nicht einmal fallen läßt, sondern nur ein wenig lüftet. Viel wichtiger
scheint doch der Umstand, daß er zuvor überhaupt solches
Recht geltend macht, solche Gründe beizieht, um seine
böse Absicht zu legitimieren. Aesops Lektion kann daher
nicht befriedigen, – wir wollen hier von der philologischen
Frage ganz absehen, ob diese Lektionen von Aesop selber
stammen, ob dieser Aesop überhaupt je gelebt habe, was
jedenfalls nicht sicher zu erweisen ist. (Er soll übrigens im
sechsten vorchristlichen Jahrhundert gelebt haben und ein
phrygischer Sklave gewesen sein.)
Aber weiter. *Heinrich Steinhöwel*, der gegen Ende des fünfzehnten Jahrhunderts einen deutschen und lateinischen
»Esopus« zu Ulm hat erscheinen lassen, erzählt dieselbe
Geschichte vom Wolf und Lamm – und er scheint die Lehre,
die doch fühlbar darin steckt, besser herausgeholt zu haben,
indem er das Folgende anfügt:

> »Mit dieser fabel will Esopus bezaigen, daz by bösen
> und untrüwen anklegern vernunft und wahrhait kain
> statt finden mag; söliche wolf fint man in allen stetten.«

Das ist schon etwas anderes. Nicht daß er schließlich unverhohlen sündigt, weil er es um jeden Preis tun will, nicht dies
kennzeichnet das Wesen oder Unwesen des Wolfes, sondern daß er Vernunft und Wahrheit mit Füßen tritt, Ankla-
gen und Rechtsgründe ad hoc produziert, wie sie ihm gerade zupaß kommen, und daß kein Beweis, wie offenkundig
er auch sei, dagegen etwas ausrichtet. So verhält es sich mit
den Wölfen, das lernt man aus der Fabel. Aber was lernt
man aus dem Schicksal des Lamms? Und ist das nun alles,
was »Esopus bezaiget«? – *Martin Luther*, der die Ge-

schichte fast genau so erzählt hat wie Steinhöwel, findet noch mehr und anderes heraus:

»Lere. Der Welt lauff ist, wer Frum sein will, der mus leiden, solt man eine Sache vom alten Zaun brechen. Denn Gewalt gehet für Recht. Wenn man dem Hunde zu wil, so hat er das Ledder gefressen. Wenn der Wolff wil, so ist das Lamb unrecht.«

Wer fromm sein will, der muß leiden: das geht nun auf das Lamm. Soll man's darum aufgeben, fromm zu sein? Wenn es nicht aus dem Text hervorginge, daß dies die Meinung nicht ist, so wäre schon der Name eines Autors Bürgschaft genug. Aber es geht aus dem Text hervor, denn es heißt, daß dies eben der Welt Lauf sei und daß sich also keiner dagegen schützen könne. Eine schreckliche Lektion! Ebenso schrecklich wie jener andere Aspekt: Denn Gewalt geht vor Recht. Hilft uns die Fabel, das zu ertragen? Nein, aber sie hilft uns zu erkennen. Sie gibt uns das sogar erst gründlich zu erkennen.

Aber in der Erzählung selber liegt doch noch ein anderes Moment: Die Gewalt tritt ja dort gerade nicht in ihrer zwar schauderhaften, aber immerhin offenkundigen Nacktheit hervor, sondern – sie ist ja gekleidet in den Mantel des Rechts, sie erhebt ja gerade den Anspruch, nicht die Gewalt, sondern das Recht zu sein. Als ob sie wüßte, daß sie allein und ohne solchen Schein nicht bestehen könnte; in all seiner Verderbtheit macht dieser Fabelwolf noch eine Reverenz vor dem Recht, indem er es mißbraucht. Das ist es aber, was den Wolf in der Praxis – »solche Wölfe findet man an allen Stätten« – erst so recht abscheulich macht und so gefährlich obendrein, denn es wird immer Esel genug geben (wenn sie auch in dieser Fabel nicht vorkommen), die auf seine Rechtsgründe hereinfallen oder sie doch immerhin der

Erwägung für wert halten. Darum trifft der letzte Satz von Luthers Erklärung diese Seite der Sache besser: Wenn der Wolf will, so hat das Lamm unrecht. Das Lamm wird nicht bloß zerrissen, es hat auch noch unrecht obendrein!

Aber auch diese Auslegung legt die Geschichte noch nicht ganz aus. Gerade in der Lutherschen Fassung enthält sie noch eine Nuance mehr, eine wunderbar drastische Nuance. »Ey, sprach der Wolff«, so heißt es da am Schluß der Wechselrede – »und wenn du gleich viel ausreden und schwetzen kannst, wil ich dennoch heint nicht ungefressen bleiben.« Dieses Scheusal hängt nicht bloß dem unschuldigen Lamm eine Schuld nach der anderen an, es wischt, mehr ärgerlich als höhnisch, dessen wahrhaftige und gute Beweise mit seiner Krallenpfote beiseite und verweist sie ihm als spitzfindige Ausreden und wesenloses Geschwätz. Vernunft und Wahrheit hat bei ihm keine Statt – aber nicht nur das, sondern die Wahrheit im Munde des Machtlosen, wie einfach und klar sie immer sein mag, gilt dem Gewalthaber für nichts als ein Geschwätz. Das wäre noch eine weitere Lehre, die die Fabel enthält, ohne daß ein Erzähler sie bisher ausdrücklich herausgezogen hätte. Es sei denn, man läse sie aus der Lektion, die *Lafontaine* an den Anfang seines Gedichts vom Wolf und Lamm (es ist die zehnte Fabel seines ersten Buches) gesetzt hat und die lautet wie folgt:

»La raison du plus fort est toujours la meilleure.«

Eine bewundernswert knappe und viel bedeutende Formel, würdig des Dichters. Das Recht (und zugleich: der Grund, die Gründe) des Stärkeren ist immer das bessere. Wenn man so übersetzt, ist es die schiere Ironie, böse Ironie. Aber »la meilleure« heißt auch »das wirksamere«, und so läßt sich nicht eindeutig entscheiden, ob Lafontaine hier ironisch oder ernstlich redet, – dieser schwebende Sinn an der

Grenze des Hohnes macht die Formel nur noch pikanter. Darin ist nun vieles zusammengebracht, gedichtet, was in den vorigen Lektionen auseinanderlag: daß Vernunft und Wahrheit hier keine Statt hat, daß Gewalt vor Recht geht, daß die Argumente des Schwächeren nichts vermögen, daß aber auch die Gewalt nicht nackt auftritt, sondern ein Recht in Anspruch nimmt. Überdies und vor allem aber ist das einfache Machtverhältnis deutlich bezeichnet, so deutlich, wie es weder der übersetzte Aesop noch Steinhöwel noch Luther getan haben: der Wolf ist nicht bloß einer, der sündigen will, nicht bloß ein ungetreuer Ankläger, nicht bloß, für sich genommen, der Vertreter der Gewalt, sondern er ist vor allem und in Hinsicht auf das Lamm ganz einfach »le plus fort«, der Stärkere. Das ist ein Griff mit leichter Hand, der die Situation im ganzen begreift und begreifen läßt, nicht nur die Person oder das Wesen des einen Partners. Ist aber diese Lektion Lafontaines nun imstande, die Fabel auszuschöpfen?

Anschauende Erkenntnis

Nein, sie ist es nicht. Die Fabel selber sagt immer noch mehr, als die treffendste, die trefflichste Lektion zu sagen vermag. Selbst wenn wir all die Lektionen, die jetzt angeführt werden, zusammennähmen und in eine gute Ordnung brächten, bliebe noch eine Menge übrig. Zum Beispiel dieses Motiv, daß der Wolf ganz schamlos das Argument wechselt, wenn ihm das vorige aus der Hand geschlagen wird, daß er gar nicht darauf beharrt, sondern sogleich etwas Neues hervorzaubert und herunterrasselt: so wenig gilt ihm nicht allein die Wahrheit, sondern so wenig gilt ihm die Aussage überhaupt – wenn das eine nicht verfängt, wird sich schon etwas Neues finden. Oder »was geb' ich auf mein Geschwätz von gestern«, wie es ein Frankfurter Sprichwort ausdrückt. So sehr verachtet er die Sprache. Und wie er langsam näherrückt, immer näher; je windiger seine Gründe werden, desto bedrohlicher wird sein Gebiß.

Kurzum, die Fabel selbst ist immer mehr als die Lektion. Wenn es eine gute und richtige Fabel ist, natürlich. Das soll freilich nicht heißen, daß man die Lektion einfach weglassen sollte oder könnte. Die Lehre gehört zum Vortrag der Fabel hinzu, als Pointe, als Fingerzeig, im besten Falle als Essenz oder Extrakt (im Sinne des Apothekers) oder genauer: Wenn, gleichnisweise zu reden, die Erzählung selber wie der Bau eines Hauses ist, so öffnet, nach vollbrachtem Bau, die »Lehre« die Tür, weist den Eingang und lädt ein, ins Haus zu treten. Ohne diese ebenso resolute wie freundliche Geste könnten wir zwar den Bau von außen betrachten, aber uns nicht darin umtun, es sei denn, wir suchten uns selber einen Eingang, und wär's auch nur neben oder hinten herum. Die Lehre ist also weit davon entfernt, die Erzählung jemals ersetzen zu können, sie ist nicht einmal die Hauptsache, und also kann und darf man auch die Erzählung nicht für die bloße Illustration, für ein volkstümliches Hilfsmittel halten, die Moral schmackhaft zu machen. Was für eine Erfindung ist das doch – diese Szene vom Wolf und Lamm! Sie hat alle Kennzeichen der Dichtung – wenn man hierunter nur nicht ein schweifendes Fabulieren (seltsam, wie dieses Wort seinen Sinn verkehrt hat derart, daß das »Fabulierte« nun schnurstracks zum Gegenteil der Fabel geworden ist!) und auch nicht ein Schwelgen in edlen oder halbedlen Gefühlen verstehen will. Keine Bekenntnisse, keine Leidenschaften, keine Träumerei, aber auch keine Doktrinen, die nachträglich mit poetischem Flitter behängt werden müßten: sondern der wahre Fabulist greift in die dunkle Welt, die schwirrende Erfahrung hinein, packt sie beim Schopf und bringt sie ins Bild. Prall, dicht, präzis und unverziert steht es vor uns, in vollkommener Helligkeit. Ein Bild für unsere Anschauung. Aber auch für unsere Erkenntnis, für unsere eigne Orientierung in der dunklen Welt. Für unsere anschauende Erkenntnis. Das ist die unübertreffliche Bestimmung, die *Lessing* gegeben hat (in seiner Abhandlung vom Wesen der Fabel – wenngleich er den Begriff der »anschauenden Erkenntnis« ausdrücklich als von dem Philosophen Wolf entlehnt angibt): »Daß die moralische Lehre in die Handlung weder versteckt noch verkleidet, sondern durch sie der anschauenden Erkenntnis fähig gemacht werde.« Die Fabel öffnet uns wahrhaft die Augen – so sagen wir ja, wenn wir zu erkennen beginnen, und schließlich meint ja auch das Wort »erkennen« selbst einen durchaus sinnlichen und nicht bloß intellektualen Vorgang, ja sogar der »Intellekt« verleugnet seine Herkunft keineswegs, obgleich man es ihm anzumerken und abzunehmen kaum noch geneigt ist, nämlich seine Herkunft von intellegere, und das heißt: einsehen, also mit den Augen oder Sinnen spüren und nehmen, nicht mit den Ganglien, was gar nicht möglich ist. Aber dies nur nebenbei.

Der Fuchs und der Lauf der Welt

Worüber öffnet die Fabel uns aber die Augen? Und was ist es, das sie uns anschauend erkennen lehrt?
So viel ist deutlich, daß diese Bilder keine Vorbilder sind.

Weder der Wolf noch das Lamm können uns zum Vorbild werden; wenn auch Luther sagte, daß wer fromm sein wolle, viel leiden müsse, so kann man aus der Fabel gewiß nicht abnehmen, daß wir dem Lamme nacheifern sollten, auch Luthers Meinung war das nicht. Allenfalls der Fuchs in der Fabel kann einmal zum Vorbild werden, aber auch er keineswegs immer. Wenn er zum Beispiel nach den Trauben springt und sie dann für sauer ausgibt, weil er sie nicht erwischen konnte: das ist nicht vorbildlich. Und wenn er dem Raben schmeichelt, damit der seine Stimme ertönen und den Käse fallen lasse: das ist auch nicht vorbildlich. Und als er, mit dem Esel zusammen, den Löwen traf und, um selber heil davonzukommen, den Esel ans Messer lieferte oder vielmehr in eine Falle lockte, zum Fraß für den Löwen – war er da vorbildlich? So wenig, daß ihm seine Schlauheit sogar in der Fabel übel bekam: der Löwe fraß ihn noch vor dem Esel auf, denn dessen war er nun ohnehin sicher. (Hat man es mit dem mächtigen Löwen zu tun, so hilft auch dieser schlaue Einfall nichts, den Schwächsten auszuliefern, im Gegenteil, so macht man's ihm nur bequemer, über beide herzufallen, den Dummen und den Schlauen: das wäre eher eine Lehre, wenn die Fabel uns auch den positiven Rat, wie der Fuchs es besser angefangen hätte, schuldig bleibt.) Aber in jenem anderen Falle, als dieselben dreie gemeinsame Beute erjagt hatten, als der redliche Esel drei gleiche Teile gemacht und darum von dem Löwen zerrissen worden war, als es dann an den Fuchs kam zu teilen, und der dem Löwen den Löwenanteil zuschob, sich selbst aber nur etwas Weniges zurückbehielt: da verhielt sich der Fuchs zwar nicht charaktervoll, aber richtig, und es ist auch offenbar, daß dies eben die Fabel lehren will. Denn hiernach wandte sich der Löwe jovial an den Fuchs mit den Worten: »Wer hat dich, mein Bester, so zu teilen gelehrt?« Und der Fuchs gab die Antwort: »Das Unglück des Esels.« Eine sehr gute Antwort, ohne Zweifel. Läßt sich hieraus einmal die Lehre ziehen, so müßte sie lauten: sei ein Fuchs, wenn du mit dem Löwen zu Tische sitzest, sei ein Fuchs und kein Esel! Manch einer wird diese Moral zwar für unmoralisch erklären, aber sie ist immerhin ihre zweieinhalb Jahrtausend alt, und dieser Umstand (sie stammt aus dem alten Äsop) gibt ihr eine gewisse Würde.

Aber es ist ein seltener Fall, daß man einer Fabelfigur so unmittelbar etwas absehen, daß man sie nachahmen kann (wenn man will) und auf diese Weise einen Nutzen davon gewinnt. Öfter schon läßt sich lernen, wie man es nicht machen darf, wenn man nicht selbst das Nachsehen haben will. Auch in diesen Fällen predigen die Fabeln keine Moral, zeigen sie nicht das Böse, damit wir gut würden, sondern zeigen allenfalls den Schaden, den einer leidet, der sich entweder dumm oder superklug beträgt. Wenn diese praktikable Art von Fabeln etwas lehrt, so ist es nicht das Gute oder Edle, sondern die Weltklugheit, die rechte Einschätzung einer Situation, eines Machtverhältnisses. Aber es scheint, daß auch solcher Nutzen sich nur nebenbei ergibt, und häufig genug kann man auch diesen nicht einmal auffinden. Nehmen wir zum Beispiel die Fabel vom Fuchs und Dornstrauch:

»Ein verfolgter Fuchs rettete sich auf eine Mauer. Um auf der anderen Seite gut herabzukommen, ergriff er einen nahen Dornenstrauch. Er ließ sich auch glücklich daran nieder, nur daß ihn die Dornen schmerzlich verwundeten.«

Das ist die Fassung Lessings – allerdings fehlt daran noch der letzte Satz. Dieser letzte Satz enthält nämlich schon die Lektion, wenngleich sie dieses Mal (nach Äsops Vorbild, aber mit neuem Wortlaut) zu der Erzählung geschlagen ist. Hier ist sie:

>Elende Helfer, rief der Fuchs, die nicht helfen können, ohne zugleich zu schaden!«

Da haben wir in der Tat einen Eingang zu dem Hause gewonnen, das zuvor verschlossen schien, aber – um im Bilde zu bleiben – es ist, als führe der Weg sogleich an der anderen Seite wieder hinaus, noch ehe wir uns innen recht umsehen konnten. Denn dieser Ausruf des gekränkten Fuchses ist polemisch – übrigens auch pathetisch, was dem Fabelfuchs nicht so recht anstehen will! –, und wir sind aufgefordert, uns seiner Tendenz anzuschließen. Und doch bringt er mit allem edlen Zorn die Wunden nicht mehr von seinen Pfoten weg. Die hat er nun einmal davongetragen, und darin liegt vielleicht die bessere, wahrscheinlich auch die ursprünglichere Lehre. Auf Begriffe gebracht, würde sie etwa heißen: Wer fremde Hilfe braucht, um aus der Klemme oder von der Mauer herunter zu kommen, muß Wunden, das ist Verletzungen, Kränkungen, in Kauf nehmen. Oder einfacher: Hilfe wird mit Schmerzen bezahlt. So etwas steckt jedenfalls im Bilde darin, wird darin anschauend erkannt. Der Fuchs muß es in Kauf nehmen; auch sein Pathos, sein lessingsches und nun allerdings moralisches Pathos – es ist das Pathos der Humanität und des frühen Bürgertums in der Freude der Empörung, das Pathos eines Mannes, der seinem Herzen Luft macht –, auch dies befreit ihn nicht. Denn so ist der Lauf der Welt. »Der Welt lauff«, wie ja auch Luther sagte beim Wolf und Lamm.

Den Lauf der Welt zeigt also die Fabel, das ist ihre erste und allgemeinste Lehre. Nicht freilich, als ob er unwidersprechlich und irreparabel wäre. Sondern indem wir ihn erkennen, indem eben die Fabel ihn uns anzuschauen und zu erkennen gibt, treten wir ja schon heraus, begreifen ein Stück davon und können seiner mächtig werden. Überdies hat derselbe Luther, der dort so unbeteiligt und nichts als skeptisch schien, in seinem Vorwort einen ganz anderen Ton angeschlagen und Nutzen gewiesen. Nämlich folgendermaßen:

»So geschichts denn, das der gemalete Wolff oder Beer, oder Lewe im Buch, dem rechten zweifüßigen Wolff und Lewe einen guten Text heimlich lieset, den jm sonst kein Prediger, Freund noch Feind lesen dürffte. Also auch ein gemalter Fuchs im Buch, so man die Fabel lieset, sol wol einen Fuchs über Tisch also ansprechen, das jm der Schweis möchte ausbrechen, und solte wol den Esopum gern wöllen erstechen oder verbrennen ... Denn die Wahrheit ist das unleidlichste ding auff Erden.«

Wie man aber auch von dieser Hoffnung Luthers denken mag, daß dem zweibeinigen Fuchs der Schweiß ausbreche, weil er sich erkannt sehe – genug Beweis für das kritische Verhältnis der Fabel zum Lauf der Welt, daß es dahin kommen *könnte*. Denn dem Fuchs wird gewiß nicht geschmeichelt in der Fabel und dem Lamm, dem Esel und dem Raben mit dem Käs auch nicht, obwohl sie die Unterlegenen sind – das klassische Drama machte nachmals Helden aus den Unterliegenden, edle Ausnahme-Naturen, und es ließ die Armen schuldig werden. Die Fabel schmeichelt keiner ihrer Parteien, keiner ihrer Figuren, nicht einmal dem Löwen, der doch in der Heraldik so viel Ehrfurcht erweckt. Die Fabel ist wahrlich parteilos und interesselos (wie *Kant* es vom ästhetischen Wohlgefallen forderte). »Der Fabuliste hat mit unseren Leidenschaften nichts zu tun, sondern allein mit unserer Erkenntnis« – so bestimmt wiederum Lessing den Unterschied der Fabel zum Drama. Keine Furcht und kein Mitleid mischt sich hier ein und verdunkelt den Blick für die Phänomene. Lafontaines zwölf Bücher voll Fabeln bilden einen einzigen schauerlichen Triumphzug der Mordgier und Arglist, obgleich alles mit der heitersten Laune vorgetragen ist. Vielleicht vermögen wir diesen Anblick des Weltlaufs nicht mehr zu ertragen, vielleicht ist das der tiefste Grund für den Verfall der Fabel (den übrigens schon Lessing beklagte), daß sie unserer Eitelkeit keinen Trost spendet – aber welche Freiheit gewährt solche anschauende Erkenntnis dem Geiste, welche Heiterkeit! –, vielleicht haben wir uns deshalb zuerst mit Leidenschaft dem Drama, später dem Roman und der Historie und schließlich dem Film zugewandt, der es erlaubt, unsere Zuneigung und Abneigung nach Belieben auszuteilen.

Für den Esel jedenfalls hegen wir weder Sympathie noch Antipathie, noch fühlen wir Mitleid für ihn – jenen Esel zum Beispiel, der in einer der großartigsten Fabeln Lafontaines vorkommt, der Fabel von der Pest im Tierreich (es ist die erste des siebten Buches). Da hält der König Löwe eine Ratsversammlung und meint, man könne den Himmel nur durch ein Opfer versöhnen, das Opfer des Sündigsten und Schuldigsten unter ihnen allen. Jeder soll nun seine Sünden bekennen, und er selbst, der Löwe selbst, macht freimütig den Anfang. Viele unschuldige Hämmel habe ich verschlungen, so bekennt er, die mir gar nichts angetan hatten, und manchmal sogar den Schäfer noch dazu; wenn nötig, werde ich mich also opfern. Aber Majestät, spricht nun der Fuchs, Sie sind viel zu gut, viel zu zartfühlend – diese blöden Hämmel, ich bitte, Sie haben ihnen doch nur Ehre erwiesen, indem Sie sie aufaßen, und der Schäfer – dem ist nur recht geschehen, da er doch ein Mensch ist und also ein anmaßender Herrscher über die Tiere. Beifall. Und nun geht es rasch: bei den übrigen Mächtigen wagt man nicht so genau nachzuforschen, die geringeren Räuber loben sich zu kleinen Heiligen hinauf, und dann kommt die Reihe an den Esel. Der gesteht ganz ausführlich, wenn auch nicht ohne tausend Entschuldigungen seiner Tat, daß er doch tatsächlich einmal Gras auf einer fremden Wiese, einer Klosterwiese, geschleckt habe. Alsbald sind sich alle darüber einig, daß von dieser Sünde das ganze Unglück herrühre, das Urteil wird gesprochen und sogleich vollstreckt, der arme Esel zerrissen. Der arme Esel? – Nein, der Esel. Der Esel von einem Esel. Die Fabel duldet kein Mitleid. So ist eben der Charakter, das heißt die Maske des Esels, das ist seine Rolle in der Fabel und in der Welt, die muß er zu Ende spielen, bis zum schrecklichen Ende.

Die Fabeln bilden einen Vorrat möglicher Macht- und Rechtsverhältnisse, einen Katalog von Charakteren oder Rollen, die wir in der menschlichen Gesellschaft spielen können. Wir selber, wir Individuen, sind bald Wolf, bald Schaf, bald Löwe, bald Fuchs und bald Esel. Je nachdem.

DER NARR UND DER WELTLAUF

»Willkommen, Sonderlinge! ihr trotzet dem
Lächerlichen ...«
Karl Julius Weber im »Demokritos«, 1835

I

Till Eulenspiegel, auf der Wanderschaft von einem Manne
um die Länge des Wegs bis zur nächsten Ortschaft befragt,
erwiderte sinnend: »Geht nur, guter Freund!« Der andere,
der es nicht so bald aufgeben wollte, fragte abermals und
lauter, wie lange man zu gehen habe bis zur nächsten Ortschaft, mußte aber hier die Beharrlichkeit einer Pythia erfahren, die sich auf verständige Gespräche nicht einläßt.
»Geht nur, geht!« hieß es wieder. Achselzuckend ging der
Mann seines Wegs, zweifelnd, ob er einen Tauben oder einen Verrückten getroffen habe. Bis er, nach hundert Schrit-
ten angerufen, die zuvor ausgebliebene Antwort erhielt: ein
gutes Stündlein werde er rechnen müssen. Erst recht kopf-
scheu gemacht, weil bei der Narrheit doch etwas Brauchba-
res herausgekommen war, verlangte der Mann Aufklärung
über Eulenspiegels sonderbares Betragen und erhielt die
Lehre, daß man über die Zeit, die einer zu seinem Wege
brauche, nichts Zuverlässiges oder Wahres so lange sagen
könne, als man nicht gesehen habe, wie schnell er geht.
»Geht nur, geht«, spricht der Narr, »geht nur so weiter,
wie Ihr's gewohnt seid und wie's Eure Natur ist. Ich werde
mich hüten, Euch Auskünfte und Anweisungen zu geben,
denn alles wird sofort unwahr, sobald Ihr gutgläubig versucht, Euch danach zu richten und Euch darauf zu verlassen.«

Jede »praktische« Auskunft über die Weglänge hätte notwendig abstrakt bleiben müssen, weil es – die Sache scheint sonnenklar – auf den Mann ankommt, der den Weg geht. Und überdies: der Gang dieses Mannes wäre nicht mehr sein eigner Gang geblieben, hätte der Narr mehr gesagt als ebendies »Geht nur, geht!«

Derart holt uns die Wahrheit des Narren spät ein, ruft uns zurück, nachdem wir es längst aufgegeben haben, von dieser kuriosen Figur am Wegrande etwas zu erwarten, nachdem wir achselzuckend – oder auch: lachend und vergessend – unseres Weges weitergezogen sind. Nicht anders als Eulenspiegel zu jenem Wandersmann spricht der Narr zum Lauf der Welt: Geht nur, geht! Er rührt nicht daran, verschiebt nichts, greift nicht ein, will nichts verbessern und nichts verschlechtern, entwirft keine Programme und keine Utopien und hat überhaupt keine eigene Meinung. Geht nur, geht! Aber seine Wahrheit hat einen langen Arm. Unvermutet trifft sein Ruf das Ohr der Geschichte, und plötzlich »stimmt« seine längst verschollene Wahrheit. Wer früh lacht, wird spät klug werden (womit nichts wider das Lachen gesagt sein soll, denn der Kluggewordene wird auch wieder lachen – aber freilich: er wird klug lachen!).

II

Nichts ist verkehrter, als – wie man bisweilen hört – die »Weltverbesserer« »Narren« zu schelten. Wären alle Weltverbesserer Narren geworden – vielleicht wäre die Welt dann wo nicht besser, so doch wahrer. Nein, nichts liegt dem Narren ferner, als die Welt zu verändern. Allenfalls stellt er sie auf die Probe. Wie wiederum Eulenspiegel, als er – noch ein Knabe – das Kunststück mit den Schuhen machte. Da spannte er ein Seil von Dachluke zu Dachluke und forderte die erwartungsvolle Zuschauermenge auf, jeder einzelne möge seinen linken Schuh ausziehen und ihn ihm, dem Narren, auf eine Weile geben. Er band die Schuhe alle zusammen und ließ sie dann herunterfallen, obendrein in einen Tümpel. Was weiter folgte, läßt sich denken.

Man stellt sich heute – dieses lesend – die Leute unten gern als einen Haufen alberner und müßiger Gaffer vor; man macht sich's leicht, um desto unbedenklicher für den witzigen Till Partei ergreifen zu können. Das altdeutsche Kostüm hilft erst recht dazu. Indessen: das waren durchweg ganz und gar rechtschaffene, ernsthafte Leute, Bürger und ihre Frauen, die ihrem Gewerbe und ihren häuslichen Pflichten mit aller nötigen Verantwortung nachgingen. Warum sollten sie nicht auch einmal einem Seiltänzer zuschauen, warum sollten sie nicht auf eine kleine Weile auch auf einem Schuh stehn, um dafür ein billiges Amüsement einzutauschen! Würden wir nicht samt und sonders das gleiche tun?

Der Narr spielte diesen Leuten einen überaus bösen Streich. Und hier konnte keiner »gute Miene zum bösen Spiel« machen, denn jeder Spaß hat seine Grenzen. Eben bei dieser Grenze aber beginnt der Spaß erst, das Werk, das Experiment eines Narren zu sein. Jeder Grad von Empörung ist da am Platze, wo man sich »genarrt« sieht. Ja, das Kunststück mit den Schuhen ist – nach modernen Rechtsbegriffen – geradezu eine strafbare Handlung. Darum auch machte sich Till Eulenspiegel aus dem Staube, nachdem er dieses vollbracht hatte. Er verschwindet völlig aus dem Spiel und aus der Stadt, ist gänzlich verborgen oder ausgelöscht. Das bedeutet: er teilt weder gute Lehren aus, welche man etwa aus dem Geschehenen hätte ziehen können, noch läßt er sich auf irgendeine Art von Auseinandersetzung ein (die allerdings nicht anders als handgreiflich hätte ausfallen müssen). Täte er es, so wären die anderen nicht länger die Genarrten, und er selber wäre nicht mehr Narr. Der Narr ist durchaus unheroisch, es fällt ihm nicht ein, »seinen Mann zu stehen«.

Worin aber besteht hier die Probe? – »Bestrafte Neugier«, könnte man meinen – aber der Narr ist doch kein Moralist. Was hier vor sich ging, ist etwas anderes, viel Bedeutungsvolleres. Eine Katastrophe hat sich vollzogen, der Einsturz einer kunstvoll aufgebauten menschlichen Ordnung, eines Baues, der durch Prestige in allen Graden und Abwandlungen zusammengehalten wird, durch wechselseitige Achtung und Verachtung, offene und geheime Bewertung des Nachbarn und Mitbürgers. Nur einer ist gänzlich außerhalb – der Narr –, und er vermag mit einer einzigen geringfügigen Bewegung den Boden wegzuziehen, auf dem dieses vielfältig verstrebte Gebäude einer Gesellschaft ruhte. Jeder einzelne von diesen Leuten ist, seinem linken Schuh nachjagend, vor allen anderen und die Gesamtheit vor sich selber blamiert. In demselben Augenblick, wo der Narr verschwindet, beginnt recht eigentlich erst die Probe auf den Lauf der Welt wirksam zu werden. Die Raserei der Genarrten, die Paroxysmen der Empörung und Entrüstung, die Ausbrüche der blinden Rachsucht, die ganze Hemmungslosigkeit, deren das blamierte, also zerstörte Selbstbewußtsein fähig ist, sinnlos um sich schlagend wie einer, der, bisher nur das seichte gewohnt, unversehens ins tiefe Wasser geraten ist – dies ist es, was hier durch die Narretei offenbart wird. »Geht nur, geht«, mag Till in sei-

ner Verborgenheit gedacht haben – aber vielleicht ist auch
dies schon zuviel.

III

Ein Narr, der ausharren würde, um sich an der Blamage
seines Opfers zu weiden, wäre kein Narr mehr, sondern
eine *Spaßvogel*. Der Spaßvogel kann als ein ehemaliger
Narr angesehen werden, der Karriere gemacht hat. Er ist
zu Stand und Vermögen gekommen, und es gibt somit
keine zwingenden Gründe mehr für ihn, das Feld vorzeitig
zu räumen. Von seiner Narrenzeit her hat er behalten, wie
man andere in die Lächerlichkeit stürzt. Aber er hat das
»Geht nur, geht!« vergessen, er will diesen Sturz mit ansehen können, seine eigene Überlegenheit genießen, von der
Welle seines eigenen Witzes hochgetragen und vom Ap-
plaus der Lacher geschwellt. Er hat die Hauptsache vergessen: die Verborgenheit, das absolute Outsidertum des
Narren.
Der »Rheinische Hausfreund«, *Johann Peter Hebel*, hat
unter vielen anderen Spaßvogelgeschichten im Kalender
von 1812 auch die folgende erzählt, welche »Das Vivat der
Königin« überschrieben ist und worin ein Engländer und
ein Franzose die Kombattanten des Spaßes abgeben. Der
Engländer saß, als Fremder, im Wirtshaus und wartete mit
großen Zahnschmerzen auf den »Chirurgus«. Der Franzose – das ist bedeutsam – »wollte seinen Kameraden einen
Spaß zum besten geben«, trat hinzu und begann eine Konversation, denn er glaubte – das ist auch bedeutsam –, der
Engländer sei dumm oder »noch scheu dortzuland«. Die
Konversation beginnt – das ist wiederum bedeutsam – mit

nationaler Renommage von seiten des Franzosen. Er zwingt den Engländer, aufs Wohl der Königin von Frankreich nicht allein sein Glas zu leeren, sondern auch seine Hemdkrause zu zerreißen, wozu er ihm selber das Beispiel gibt. Der Engländer sträubt sich: »Geht zum Henker, Ihr Sapperment«, sagt er, »Euer Hemd hat nimmer weit in die Papiermühle; meins kommt nagelneu von der Näherin weg und ist an einigen Orten noch ganz heiß vom Durchzug der Nadel.« Jetzt pocht der Franzose auf den Point d'honneur und droht mit dem Duell, bis der Engländer beigibt.

Das war der Spaß dieses Spaßvogels, der billig genug von der gegebenen oder vermeinten Überlegenheit der Ortsansässigen über den Fremden und der Mehrheit über den Einzelnen Gebrauch macht, um diesen »anzuführen« oder »hereinzulegen«. Es ist also nicht einmal die Überlegenheit des eigenen Witzes, die den Spaßvogel hierzu in den Stand setzt – es ist das Kollektivgefühl, vermöge dessen er alles überhaupt Französische einschließlich des Königs und der Königin als seinen verfügbaren Prestigebesitz aufmarschieren läßt, und es ist zudem der Rückhalt an den Landsleuten und Kameraden, welcher ihn aufbläht, den Fremden mit dieser Übermacht zu erdrücken und zum Sturz zu bringen.

»Leute von einigem Stande« – schrieb Goethe – »werden sich immer in einiger Entfernung vom gemeinen Volke halten, als glaubten sie durch Annäherung zu verlieren; und dann gibt's *Flüchtlinge und üble Spaßvögel*, die sich herabzulassen scheinen, um ihren Übermut dem armen Volke desto empfindlicher zu machen.« Das seiner selbst gewisse Prestige des Aristokraten – will das heißen – hat es nicht nötig, sich einen Selbstgenuß und eine Bestätigung zu verschaffen dadurch, daß es den a priori Unterlegenen noch

einmal »hereinlegt«. Und solcher Spaßvogel ist ein Flücht-
ling, denn er flieht aus dem souveränen Bewußtsein dessen,
worauf sich sein »Stand« gründet, und wirft sich in die Brust
mit Dingen, die nicht sein Verdienst sind. – Aber unsere
Geschichte ist noch nicht zu Ende.

Als nämlich nun der Chirurgus gekommen war und den
hohlen Zahn glücklich heraus hatte, sprach der Engländer
zu ihm: »Seid so gut und zieht jetzt diesem Herrn da ebenfalls einen Zahn aus aufs Wohlsein der Königin von Eng-
land!« Alles wird nun – wie die hier zuständige Redewendung in einem überaus treffenden Bilde sagt – »mit barer
Münze heimgezahlt«. Der Franzose ließ sich wohl oder
übel auch einen ausreißen, und beide, so heißt es weiter –
»schieden darauf in Frieden voneinander«. In Frieden, –
denn die Scharte ist ausgewetzt und das bürgerliche Gleichgewicht wiederhergestellt. Hätte Hebel, wie er sonst so oft
tut, ein »Merke« angefügt, es hätte lauten müssen: »Wer
zuletzt lacht, lacht am besten«, oder noch besser: Jeder
Spaßvogel findet einen, der es mit ihm aufnimmt, auf die
Dauer lohnt es sich selten, ein Spaßvogel zu sein.

Der Spaßvogel hat etwas zu verlieren, der Narr nichts. Das
bittre Experiment auf den Lauf der Welt ist hier zum Genuß
des Selbstbewußtseins entartet, und am Ende bleibt alles
beim alten, denn »sie schieden in Frieden voneinander«.
Über den Spaßvogel wird sofort und beifällig gelacht, ja er
ist von Beginn an von Lachern begleitet und getragen, sein
Spaß hat keine Reichweite und keine Tiefe. Karriere verdirbt.

IV

Ein Spaßvogel ist auf Redensarten und große Sprüche ange-
wiesen. Das heißt, er hüllt sich in die Sprache ein, läßt tö-
nende Wendungen von Königinnen und vom »Stechen auf
Leben und Tod« für sich sprechen, ohne sonst etwas dazu
zu tun. Er umgibt sich mit Wolken aus lauter Sprache – das
ist: er »schneidet auf« – und blickt aus dieser Höhe auf sein
Opfer herab, dessen Aufgabe es nun ist, mit kurzem Griff
die noch eben so großartig drapierten Wolken zum Knäuel
zusammenzuraffen und dem Spaßvogel damit den Mund zu
stopfen, wie jener Engländer mit dem »Vivat der Königin«
tat. Der Triumph des vormaligen Opfers, also dessen, der
zuletzt lacht, gründet sich immer darauf, daß er den Her-
ausforderer mit dessen eigenen Waffen schlägt, gerade so,
als seien sie ihm bloß zugespielt worden, damit er »den
Spieß umdrehe«. Beiderseits wird die Sprache nicht ernst
genommen: ein dröhnendes, bisweilen geradezu schwindel-
haftes Gebläse im Munde des ersten, wird sie dem zweiten –
hat er nur genug Witz – zum Spielball, den er zurückgibt
und der, gut umwickelt, die spitzige Antwort enthält. Dieser zweite kommt dem Narren näher als der erste, obzwar
er's noch immer viel leichter hat.

Denn jener Landesfürst, der dem Narren Till bei Strafe seines Lebens anbefahl, sich nicht wieder auf seinem, des Fürsten, Grund und Boden blicken zu lassen, war weder ein
Spaßvogel noch ein Aufschneider. Er meinte es ernst und er
konnte es auch ernst meinen, denn er redete die Sprache der
wirklichen Macht, während bei den Redensarten des Franzosen aus dem Schatzkästlein »nichts dahinter« war. Nach
drei Tagen begegnete der Fürst beim Ausreiten auf der
Landstraße einem vollbeladenen Karren, und obenauf saß

der verbannte Eulenspiegel. Der Fürst fuhr ihn zornig an, aber der Narr argumentierte, er sei nur vom Grund und Boden des Fürsten verwiesen, nun befinde er sich aber auf seinem eigenen Grund und Boden, denn diesen Karren voll Erde habe er für sein eigenes Geld erstanden. Der Fürst nahm wohl diese Antwort für nichts weiter als närrisch, hofnärrisch sozusagen und zu seiner Ergötzung vorgebracht, und so ward der Mutterwitz zum Lösegeld des armen Schluckers, das er dringend nötig hatte, damit noch einmal »Gnade vor Recht ergehe«.

Aber es steckt mehr darin als Mutterwitz, und wir vermögen nicht mehr so harmlos feudal in das Lachen des Souveräns einzustimmen. Übrigens blieb es selbstverständlich bei der Verbannung, Till war nur eben dem Henker entronnen, aber fortan blieb er außerhalb der Grenzen dieses Landes. Es steckt mehr darin, denn hier wird die Sprache der Macht durch einen Ohnmächtigen demaskiert. »Mutterwitz« oder »Spitzfindigkeit« sind nur die versöhnlichen Titel über einem wiederum recht bitteren Text: das Argument des Narren ist nämlich nicht zu widerlegen, es sei denn allenfalls durch eine voluminöse juristische Vorlesung über die Grundrechte der Herren, ihr Verhältnis zum Privateigentum und über den Begriff der Souveränität nach Umfang und Inhalt, – man sieht schon, »das ist ein weites Feld«, weder lohnte es sich, so viel Aufwand zu machen, noch besteht irgendeine Aussicht, dem Narren und seiner durchaus präzisen Antwort so beizukommen. Denn dies alles ist ja Exegese, Auslegung der Begriffe, dient also dem Ziel, eben das zu verhindern und unmöglich zu machen, was Till Eulenspiegel tut: er nimmt die Worte wörtlich!

Auch der Mächtige bedient sich zur Durchsetzung seiner Zwecke nicht nur der Gewehre und der Henker, er ist aus mancherlei merkwürdigen Gründen veranlaßt, sich auch der Sprache zu bedienen, ohne freilich an die Vieldeutigkeit und Allgemeinheit der Sprache ausgeliefert zu sein, denn sobald ihn jemand mißverstehen würde, so würde er seiner Meinung leicht durch die Gewehre und Henker zur Durchsetzung verhelfen können. Indem nun Eulenspiegel die Formel vom »Grund und Boden« wörtlich nimmt (und die Illustration dazu leibhaftig mitführt in Gestalt des Karrens voll Erde), hebt er die Sprache ab nicht nur von der Meinung, sondern von dem Hintergrund der Macht, der allein ihr bestimmte Bedeutung und Wirklichkeit, Wirksamkeit verleiht. Er decouvriert die nackte Macht, indem er die Formel, auf deren Anwendung der Landesherr allein ein Recht zu haben glaubt, usurpiert. Derart der Sprache beraubt, steht der Mächtige da und zeigt sich für einen Augenblick selber als Usurpator. Dem Sprachlosen würden nur die Gewehre und die Henker bleiben, aber eben weil ihm diese bleiben, lacht nicht der Narr über den Fürsten, sondern der Fürst über den Narren. Daß es so ausgehen würde, darüber konnte allerdings von Anfang an kein Zweifel sein, und gleichwohl »trotzet der Narr dem Lächerlichen«. Er lehnt sich nicht auf – was ihm auch nichts helfen würde – und macht sich abermals aus dem Staube. Wieder hat sich für einen flüchtigen Augenblick der Lauf der menschlichen Welt enthüllt, ohne daß sich darum irgend etwas änderte: Geht nur, geht.

V

Die Hoffnung, die Till Eulenspiegel nicht hatte, weil er ein echter Narr war, die Hoffnung nämlich, durch »Mutterwitz« die unendliche Kluft zu überbrücken, welche zwischen Ohnmacht und Macht liegt, – diese Hoffnung hat (unter anderen) der freilich sehr sagenhafte *Bauer Bartoldo* wahrgemacht – zum Troste aller Narren, die es nicht bleiben wollen. Angeblich lebte er im sechsten Jahrhundert, als »König Albony« die Lombardei beherrschte – »ein guter, sanftmütiger Fürst, ob er gleich ganz Italien besiegt hatte«. So nämlich – mit dem Fürsten – fängt die Geschichte an, jedenfalls in der Fassung, wie sie 1802 in Elbing verlegt worden ist. Bartoldo ist lächerlich nur noch in seiner äußeren Gestalt, plump, haarig, rundköpfig, großmäulig und triefäugig. Denn bei ihm ist Äußeres und Inneres geschieden, er hat nicht nur Witz, sondern – eine Seele, und das ist das Ende des Narrentums. Während das Lachen über den Narren und die Narrenspossen – nur Fürsten vermochten ja eigentlich zu lachen, weil ihre Souveränität auch durch arge Antworten nicht angetastet werden konnte –, während also solches Lachen, dem sanften Strahl der Versöhnung gleich, am Ende hervorbricht und die Gefahr der Zerreißung aller menschlichen Bande im Augenblicke bannt, so macht hier umgekehrt das Lachen über das bäurische Scheusal, den Rüpel Bartoldo, den Anfang der Geschichte. Es ist notwendigerweise ein dummes und seichtes Lachen, das eigentlich nichts weiter als einen Standesunterschied markiert, während jenes den Riß in der menschlichen Welt milde schließt, der soeben erst für eine kurze Weile sich aufgetan hatte. Die Erzählung von Bartoldo hingegen beginnt mit Lachen und endigt mit dem Ernst von Tugend und Reputation; sie beginnt mit der grotesken Leiblichkeit und endigt mit der Bewährung der Seele, die in diesem Leibe wohnte; sie beginnt mit dem lächerlichen Äußeren und endigt mit dem nützlichen Inneren. Statt allen breiteren Berichts höre man nur die Grabschrift, welche die erstaunliche Karriere dieses vormaligen Narren zum königlichen Staatsrat als ein Trost- und Merksprüchlein auf den unvermeidlichen Sieg des Guten und der inneren Werte darstellt:

>»Ein ungestalter Bauer lieget hier begraben,
Ihm hatte die Natur statt aller andren Gaben
Verstand allein und Witz und gutes Herz verliehn.
Bartoldo hieß der Mann. Sein König liebte ihn.
Rief ihn an seinen Hof ihm stets zur Seiten.
Es schätzt' ihn die Nation.
Er stützte oft – man sah das nur zu seinen Zeiten –
Durch klugen weisen Rat den Thron.
Hätt' er gewollt, so wären Schätze seine,
Doch starb er dürftig. Ihr, die ihr auf diesem Steine
Einst dieses lest, o merkt, was er euch lehrt!
Bestimmt nicht nach dem äußern Scheine
Des Menschen innern Wert.«

VI

Wenn diese Geschichte von Bartoldo nicht so lügenhaft moralistisch redigiert wäre, – man hätte vielleicht erfahren, daß dieser unförmige und schmutzige Mensch vor allem andern durch Schlauheit ausgezeichnet war, daß seine Einfalt dreist, seine Tugend berechnet war. Zu seiner äußeren Erscheinung würde das jedenfalls recht gut passen. Übrigens wird berichtet, daß er eine Frau, Marcolfa mit Namen, und einen kleinen Jungen, Bertoldino, hatte, ferner, daß er und seine Frau (als sie noch auf dem Dorfe lebten) so viel arbeiteten, wie sie nur konnten, um das Notwendigste zum Unterhalt zu erwerben.

Alle eigentlichen Narren aber waren entweder erwiesenermaßen dürre Hagestolze (Astheniker) oder sind doch mindestens von jeher so vorgestellt worden. Till Eulenspiegel hat so wenig ans Heiraten gedacht wie Don Quichotte, und die Dulzinea von Toboso – dieses Geschöpf eines aufs äußerste zugespitzten Platonismus – taugte schon darum nicht zur Ehe. Karl Valentin, dessen Narrentum wiederum vornehmlich an seinem Umgang mit der Sprache sich erweist – so tiefsinnig verliert er sich in ihrem Dickicht, daß man den Verstand verlieren würde, müßte man nicht lachen –, Karl Valentin ist so lang und hager wie der darmstädtische »Datterich« auf dem Theater (aus der berühmten Lokalposse des Ernst Elias Niebergall), vor dessen komischer Ohnmacht nicht anders als bei Till der Lauf der Welt offenbar wird, nämlich alle Niedertracht und dünkelhafte Prestigegier einer kleinstädtischen Bürgerschaft. Dieser hat, wo es nötig ist, zur Rechtfertigung seines Junggesellentums eine sentimentale Geschichte von unglücklicher Liebe, Duell und Tod zur Hand, die er denjenigen vorgaukelt, vor welchen er seine Narrheit aus irgendeinem pfiffigen Grunde verbergen will. Hier kann auch an Charlie Chaplins Figur erinnert werden: seine Untauglichkeit zu Ehe und Hausstand ist genugsam bekannt.

Armut, Magerkeit und Ehelosigkeit sind die Regeln des Narrenordens, – eines sehr geheimen Ordens.

VII

Es gibt auch mächtige Narren, – sie heißen *Menschenfeinde*. Timon von Athen umarmte einst den Alkibiades mit den Worten: »Komm, mein Sohn, mache dich beliebt, du wirst einst der Jammer des Volkes sein!« Ein anderes Mal trat er unerwartet in der Volksversammlung auf und sprach: »Athener, mehrere haben sich schon an meinem Feigenbaum aufgehängt; ich muß ihn umhauen; wer sich also hängen will, eile!« Er war, nach einem Ausdruck des Aristophanes, mit einer Dornenhecke umgeben, niemand kam ihm nahe, ohne sich zu stechen. Wahrscheinlich ist dies die einzige Möglichkeit, auf der Höhe der Macht ein Narr zu bleiben, noch hier dem Lächerlichen zu trotzen, – also die einzige rechtmäßige Karriere des Narren. »Geht nur, geht« kann auch Timon sagen, aber bei ihm ist es in offenkundige Verachtung umgeschlagen. Eine Verachtung, die verzweifelt ist. Wäre er nicht so gallig, er hätte wohl seine Macht nicht halten können, ohne auf diese oder jene Weise sein Bündnis mit dem Weltlauf zu machen: eine Gefahr, vor welcher alle *armen* Narren der Welt sicher waren.

Bei ihm ist keine Versöhnung möglich, – Timon geifert noch aus dem Grabe hervor (wie man bei Shakespeare nachlesen kann). Denn er hat an allem verzweifelt, und seine Welt bleibt zerrissen. Nur er selber besteht noch vor sich, denn er ist sich selber wichtig als Gefäß der Erkenntnis, das ist der Verachtung. Inmitten seiner Dornenhecke hält er sich aufrecht – kaum noch ein Mensch zu nennen, da er ja der Menschen Feind ist. Er vermag nicht, die Menschenwelt in ihrer Fragwürdigkeit zu zeigen, die Probe auf ihren Gang zu machen, denn er hat sich längst von ihr zurückgezogen und schmäht nur noch von außen. Und so bleibt auch diese

Karriere hinter dem Stande des eigentlichen Narren zurück.
Dieser hält keine Reden, sondern demonstriert praktisch.

VIII

Wenn das Lachen über die Narrheit ein Signum der Versöhnung der Menschenwelt ist – der Versöhnung des Weltlaufs
mit dem Narren –, so muß hinzugefügt werden, daß dieses
Lachen nicht so ganz leicht zu haben ist. Jene Leute, die
dem Seiltänzer Till ihre linken Schuhe gaben, brachten es
nicht fertig zu lachen. Es wären sonst mindestens dreierlei
schwierige Aufgaben für sie zu lösen gewesen, – obendrein
in einem Nu zu lösen gewesen, denn ihre Lösung ist in solchem Lachen enthalten und gibt ihm erst seine hohe Bedeutung: einmal hätten sie dem Narren verzeihen müssen, zum
zweiten hätten sie die Fähigkeit haben müssen, über sich
selbst zu lachen, und endlich hätten sie einräumen müssen,
daß all ihre irdische und gesellschaftliche Position, Macht,
Ehre, Verdienst und Tugend nicht ausreichend sind, um sie
von ihrem Menschsein zu entbinden. Es nutzt nun freilich
nichts, dies alles einzusehen und als moralische Weisheit in
die Kommode einzuschließen, – davon lernt man nicht lachen. Freiheit und Versöhnung ist indessen nur von demjenigen Lachen zu erwarten, das diese drei Dinge im Grunde
in sich trägt. Der Fall des Landesfürsten, der dem ausgewie-
senen Narren auf der Straße begegnete und der über seine
Antwort betreffs »Grund und Boden« lachte, liegt vielleicht
etwas anders darum, weil ein Fürst nicht wohl blamiert werden kann, und weil es ihm wohl ansteht, Gnade zu üben.
Trotzdem möchte ich meinen, dem Geiste dieses Fürsten sei
nicht zu viel zugemutet, wenn seinem Lachen die beste

Deutung gegeben wird, die hier möglich ist. Daß er verziehen hat, steht fest. Indem er verzieh, gab er seinen eignen Ausweisungsbefehl für eine Zeitlang preis, verzichtete also auf die Bewährung seiner Macht. Ob er auch über sich selber gelacht hat? Ob er auch bei sich selber einräumte, daß es mit dieser altüberlieferten Formel und also mit der Grundherrschaft selber nicht weit her sei? Daß sich Macht nicht auf Recht, sondern Recht auf Macht gründet? Ob die Ohnmacht des Narren ihn seiner eigenen Ohnmacht – daß er nämlich ein Mensch sei – überführte?

Sprichwörtern eignet eine außerordentliche Faszination. Ohne Zweifel gehören sie zu den häufigsten und bedeutsamsten Mitteln, die wir besitzen, um uns gegenüber der stets neuen und anders andrängenden Erfahrung zu sichern. Sie bilden ein Arsenal fertiger Weisheiten, die, indem sie so vielfältigen Gebrauch erlauben, uns die Vorstellung einflößen, die Welt bleibe sich immer gleich, und wir kennten sie längst auswendig. Wer stets ein Sprichwort bereit hat, um im rechten Augenblick damit hervorzutreten, gilt meist oder hält sich doch selber gern für einen Mann, dem man nichts vormachen und dem der Lauf der Welt keine Überraschungen bieten kann. Sprichwortlehren mögen hundertmal durch die Erfahrung widerlegt werden – sie entziehen sich fröhlich allen Konsequenzen und kehren, Kobolden gleich, immer wieder.

Nun ist gegen Sicherungsmaßnahmen der Vernunft grundsätzlich gar nichts einzuwenden, und unter einem gewissen Gesichtswinkel läßt sich die Entwicklung des menschlichen Geistes geradezu als ein beständiges Hervorbringen von Sicherungen betrachten, die nach kürzerer oder längerer Zeit der Übermacht der Umstände unterliegen, um neuen Sicherungen Platz zu machen. Diese Ansicht ist nicht einmal so banal, wie sie zu sein scheint. In dieser Welt heimisch zu werden, die ihr innewohnenden Gefahren wenn nicht abzuschaffen, so doch einzuschränken – macht dies nicht ein gutes Teil der Geschichte des Menschen in seiner Auseinandersetzung mit der Natur aus? Und jene andere Vorstellung, die vielfach heroisch genannt worden ist: den Stürmen des Schicksals Brust und Stirn zu bieten, Sicherung und Versicherung zu verschmähen und gefährlich zu leben – ist sie nicht selber eine andre Art von Sicherung, bei welcher aus der Not eine so sehr befriedigende Tugend gemacht wird, daß man dafür manches nähere oder fernere Ziel, das doch aller Mühe wert wäre, gerne aufopfert?

Um aber auf die Sprichwörter zurückzukommen, so unterscheiden sie sich von den Weisungen der Philosophie wie von den Verheißungen der Religion wesentlich durch die Art ihrer Prägung: Es sind Aussagen über den Weltlauf, die weder an den Willen noch an den Glauben irgendwelche Anforderungen stellen, sondern lediglich diejenige Fähigkeit angehen und in Gang setzen, die man den gemeinen Menschenverstand nennt. Sehr oft scheinen sie einem skeptischen Beobachter in den Mund gelegt zu sein, aber ihre Skepsis enthüllt sich fast immer als gutartig, und so bitter die einzelne Erfahrung sein mag, die das Sprichwort, das schon auf dem Sprunge liegt, hervorlockt – spricht man es vollends aus, so hat seine Allgemeinheit eine tröstliche Wirkung. Denn man fühlt sich aufgehoben in dem, was seit Jahrhunderten schon bekannt ist, und weiß sich einig mit einer langen Reihe von Generationen, die vor uns waren. Überdies scheint die besondere Lebenslage, in der man sich gerade befindet, durch die verblüffende Einfachheit der Bilder, die das Sprichwort auszeichnet, stets entwirrt zu werden. Dies gibt ihm den Charakter einer Art von Zauberformel des gemeinen Menschenverstandes.

Ebendarin liegt es aber auch begründet, daß das Sprichwort im Gebrauch so sehr verschieden ausschlagen kann. Indem es vereinfacht, kann es ernüchtern und derart zum klugen Handeln befähigen. Es kann aber auch als falscher, vorschneller Trost geraten und zu einer Einschätzung der Dinge verleiten, die zwar bequem, aber völlig falsch ist und uns vor peinlichen Überraschungen keineswegs schützt. Deswegen ist es nötig, den Vorrat unserer Sprichwörter, die im privaten wie im öffentlichen Leben jeden Tag eine ebenso bedeutende wie unkontrollierbare Rolle spielen, von Zeit zu Zeit neu durchzurühren. Dazu gehört vor allem, daß wir uns von seiner festgebacknen Weisheit nicht beherrschen lassen, sondern mit ihm nach unserm Willen umgehen lernen, es auch biegsam und variabel machen.

I. Das heiße Essen

»Es wird nichts so heiß gegessen, als es gekocht ist.« Annehmlichkeit und Skepsis liegen in diesem Worte schön ineinander. Es zeigt einerseits den Mut (den Nietzsche forderte), »vom Menschen mit einer bedeutenden Ermäßigung seines Wertes zu denken«. Denn man schätzt die Kunst des Kochs, der hier supponiert wird, nicht eben sehr hoch ein, wenn man ihm nicht zutrauen mag, daß er das Essen so heiß auf den Tisch bringt, wie er es angerichtet hat. Solche Geringschätzung aber macht sich andrerseits alsbald bezahlt. Denn die Gäste, die bei Tische sitzen, haben – wenn anders das Sprichwort wahr ist – den Vorteil von der Unzulänglichkeit des Kochs: sie brauchen sich nicht die Zunge zu verbrennen.

Dieser *Koch* wird wohl meist als eine übergeordnete Persönlichkeit vorgestellt, mindestens mit solcher Macht begabt, daß wir ihr in ihrem Bereich, der Küche, nicht dreinreden und dreinpfuschen können. So wird der Koch zum sprichwörtlichen Stellvertreter für Väter, Lehrer, Machthaber und Instanzen aller Art, die etwas anzukündigen, anzudrohen und zu verfügen die Mittel haben. Das *Essen*, das er anrichtet, kann entsprechende Strafe, Prüfung, Gesetz und Exekution desselben bedeuten. Uns selber hingegen ist die durchaus passive Rolle der *Esser* zugedacht, die um den Tisch sitzen und erwarten, was verzehrt werden muß. Das *Sprichwort* will uns nun einreden, wir brauchten, während wir doch an den glühenden Herd und die brodelnden Töpfe in der verschlossenen Küche denken, gleichwohl für die Temperatur des Essens nicht zu fürchten. Seid nur still, habt keine Angst – so lautet seine Ansprache, während der Tisch noch leer ist –, es wird *nichts* so heiß gegessen, als es gekocht ist.

Bei Lichte betrachtet, ist die Rolle, die wir da selber übernommen haben, recht kläglich. Zumal wir eben durch die anhaltende Predigt des Sprichworts, die uns so angenehm in den Ohren klingt, daß wir uns davon nicht loszureißen vermögen, abgehalten werden, zur Küche vorzudringen und uns daraufhin den Koch einmal näher anzusehen. Und zumal wir in dieser Lage, die das Sprichwort uns aufnötigt, obendrein gewärtig sein müssen, von ihm *betrogen* zu werden: mit einem Male kommt das Essen, die Töpfe werden geöffnet, und wir können vor lauter Hitze und Dampf eine ganze Weile nicht aus den Augen sehen. Diesen Moment pflegt dann das Sprichwort zu benutzen, um zu entwischen. Es ist einfach nicht mehr da, wie sehr wir auch hinter ihm dreinschimpfen mögen. Daran zeigt sich dann, daß es mit dem Koch in geheimem Bunde stand, als ein falscher Tröster, der uns in die Falle gelockt hat. Es muß nicht, aber es kann doch so ausgehen, und es ist schon oft genug so ausgegangen.

Bisweilen wird eben doch genau so heiß gegessen als gekocht wurde. Es kommt ganz auf den Koch an und auf die Mittel, die er in seiner Küche zur Verfügung hat, um die Hitze in den Töpfen zu halten. Darum eben sollte man sich durch das Sprichwort nicht davon zurückhalten lassen, die Küche zu inspizieren.

Wer das indessen getan hat und dabei gewahr geworden ist, daß die Deckel nicht schließen, oder – noch besser –: wer den Entschluß und den Verstand hat, den Koch auf seinem Wege von der Küche zum Tisch etwa durch eine List aufzuhalten, in die Töpfe zu gucken und bei dieser Gelegenheit einmal kräftig hineinzublasen, um die übermäßige Hitze zu vertreiben – der freilich, aber nur er, kann getrost in die Stube treten und es mit Bedeutung aussprechen:

»*Heute* wird nicht so heiß gegessen als gekocht wurde.«

II. Krähen untereinander

»Ach was«, hört man sagen, »seid nur getrost: *Eine Krähe hackt der anderen kein Auge aus.*« Oder aber: »Natürlich, das konnte man sich ja denken – eine Krähe hackt der anderen kein Auge aus.« Das Wort hat also einen tröstlichen und beruhigenden oder einen bitteren und resignierten Klang je nachdem, ob der Sprecher den Nutzen oder den Schaden davon hat, daß Krähen untereinander so verträglich sind. Man wird nicht fehlgehen, wenn man in dem ersten Sprecher selber eine heimliche Krähe oder doch einen Anhänger der Krähen, in dem zweiten aber ihren Feind vermutet, – einen Feind, den es wurmt, daß er die nötigen Körner nicht zur Verfügung hat, mit welchen er Zwietracht unter jene säen könnte.

So oder so ist das Sprichwort also weit entfernt, etwa auf die verträgliche Gemütsart oder den zivilisierten Sinn der Krähen zu bauen. Nein, es erblickt – skeptisch, wie es auch hier wieder ist – die Gewähr für das Verhalten der Krähen einzig darin, daß sie eben allesamt Krähen sind. Das heißt: Daß jede einzelne von ihnen zwar von räuberischer und selbstsüchtiger Natur ist, daß aber zwei oder mehr Krähen dritten, etwa anderen Vogelarten, gegenüber vor allem ihr gemeinsames Interesse zu behaupten suchen werden, zumal sonst die Sicherheit jeder einzelnen von ihnen bald dahin wäre. Beide oben angeführten Benutzer des Sprichworts, der zufriedene wie der grämliche, haben also keine hohe Meinung von den Krähen, insbesondere was ihre Gesellschaftsform anlangt. Daß sie sich nicht die Augen wechselseitig aushacken, ist – so setzen wir voraus – weder auf ein ausgebildetes Rechtssystem noch auf lebhaftes Mitgefühl, sondern einzig auf den *Vorteil* zurückzuführen, den sie davon haben, daß sie es nicht tun.

Setzen wir aber nun einmal den Fall, zwei Krähen würden beim Beutemachen nicht von irgendwelchen belanglosen Spatzen gestört, sondern von einem *Geier* oder ich weiß nicht was für einem mächtigen Wesen überrascht, welches seinerseits Rechte auf die Beute geltend machte und darum obendrein die Räuber zu bestrafen gesonnen wäre. Ohne Zweifel werden die beiden Krähen fliehen. Nur eine von ihnen wird aber die Beute davontragen können, wenn nicht beide ihr räuberisches Gelüst verleugnen und die Beute im Stich lassen wollen. In solcher höchsten Gefahr, wo es nicht mehr bloß um Körner oder dergleichen, sondern überdies um das eigene Leben geht – liegt es da nicht sehr nahe, daß die eine der andern geschwind ein Auge aushackt, damit der Geier nicht allen beiden, während sie noch am Brocken zerren, den Garaus mache? – So weiß man ja zum Beispiel von den amerikanischen Gangstern, daß konkurrierende Banden schlechter untereinander stehen als jede einzelne von ihnen mit der Polizei. Und daß die Polizei, welche also in unserem Bilde durch den Geier vertreten wäre, bisweilen geradezu darauf baut, daß diese Krähen einander womöglich mehr als ein Auge aushacken. Wie die Krähen in dem angenommenen Falle, so haben eben auch die Gangster ein so gefährliches Geschäft, daß ihre Selbstsucht nicht mehr von der Gemeinsamkeit ihres Interesses aufgewogen wird.

Ebensogut läßt sich umgekehrt ein Zustand ausdenken, in dem die Krähen selber alle Macht über den Bereich der Stoppelfelder auf sich vereinigt haben, indem sie alle übrigen Vögel, die zuvor hier umherpickten, sei es durch Gewalt, sei es durch List, ausgerottet hätten. Auch in diesem Falle werden sie, da kein gemeinsamer Feind sie mehr davon abhält, sicherlich sehr bald Gelegenheit und Neigung genug finden, einander die Augen auszuhacken, mag es nun vielleicht auch nur um das winzigste Körnchen gehen. Wobei man wiederum nur die eine Voraussetzung beibehalten muß, daß die Krähen Krähen bleiben und ihre räuberische Natur nicht von Grund aus ändern. Aber warum sollten Krähen gerade auf dem Gipfel ihrer Macht und Sicherheit zu Tauben werden?

Daraus folgt, daß es für den rechtmäßigen Gebrauch dieses Sprichworts eine obere und eine untere Grenze gibt. Nur dann ist es vollkommen wahr, wenn sowohl die Gefahr, mit der die Krähen bei ihrer Lebensweise zu rechnen haben, als auch die Sicherheit, die sie genießen, und die Gewalt, die sie in ihrem Felde ausüben, ein gewisses mittleres Maß nicht übersteigt. Wird eine der beiden Grenzen überschritten, so wird die Barbarei, die in der Kultur dieser Sprichwortkrähen ja stets latent vorhanden ist, offen ausbrechen. Der zufriedene Sprecher des Sprichworts wird, da er sich den Krähen heimlich verschrieben hat, womöglich selbst in Bedrängnis geraten. Der grämliche Sprecher aber wird triumphieren – wenn anders er überhaupt noch existiert. Denn dieser hat – so kann man annehmen – entweder längst das Weite gesucht oder ist seiner eigenen Resignation zum Opfer gefallen.

III. Blick der Liebenden

Meist sagt es ein alter Schulkamerad des Mannes, der sich soeben verliebt oder gar verheiratet hat: »Ich weiß nicht, was er an dieser Frau findet, sie ist weder intelligent noch besonders hübsch, und über ihren Charakter wollen wir schon gar nicht reden – man kann's nicht ändern: *Liebe macht blind*.«
Und er wendet sich resigniert ab, überzeugt, daß er den Freund so bald nicht wieder allein zu fassen kriegen wird, und gewillt, sich den Einladungen des jungen Paares so oft als möglich durch Ausflüchte zu entziehen, die vielleicht nicht einmal ganz ungern gehört werden. Seine Resignation wird freilich in den seltensten Fällen vollkommen und endgültig sein, denn die geheime, aber sichere Hoffnung, daß auch für ihn wieder bessere Tage kommen werden, hält ihn davon ab, sich grimmiger Menschenverachtung anheimzugeben. Wer gewiß ist, daß Liebe blind mache, hat den mit solcher Blindheit Geschlagenen noch lange nicht aufgegeben. Denn es ist ja *nur* die Liebe, die blind macht – so denkt er im stillen –, und die geht vorüber. Die Gewohnheit aber wird ihn eines Tages schon wieder sehend machen, und ich kann's abwarten.
Oft genug wird einem solchen Kenner der menschlichen

Leidenschaften der Freund, der geheiratet hat, nach einigen Monaten schon bei sich selber und nach einigen Jahren auch offen recht geben. Dann nämlich, wenn er wieder anfängt, allein auszugehen und sich im Wirtshaus oder Café mit den alten Schulkameraden zu treffen, gereift an Einsicht und Erfahrung, wie er meint. Dann scheint alles beglichen und die Wahrheit des Sprichwortes außer Zweifel.

Dieses späte Einverständnis des Ehemannes beweist indessen gar nichts. Schon darum nicht, weil er, den die abgelaufene Zeit so vergeßlich hat werden lassen, am wenigsten befugt ist, über die Liebe etwas auszusagen. Es kann sich ja auch so verhalten, daß er vordem als Liebender sehend gewesen und nun durch Gewohnheit erst blind geworden ist. Daß sein Überdruß nicht in der Erkenntnis, sondern seine – ach wie zweifelhafte – Erkenntnis im Überdruß begründet ist. Überdruß aber ist eine Folge von Faulheit. Ein Liebender, der faul und bequem wird – man erkennt ihn unzweifelhaft an den deklamatorischen Versicherungen, die er über gebrachte Opfer und dergleichen abgibt –, hat es schon satt, selber zu lieben. (Denn die Liebe ist zwar heiter, aber doch kein bloßer Spaß.) Und wenn er es satt hat und wenn er satt ist, dann glaubt er, sehend zu werden – während der Satte sonst zwar nicht gerade blind, aber doch schläfrig zu werden pflegt. Über all das aber, was er vordem mit dem frisch aufgetanen Blick des Liebenden entdeckt und erkannt hatte – all die tausend kleinen Mienen, Gebärden und Regungen nämlich des geliebten Wesens, welche jener Schulkamerad mit seinem Sprichwort im Munde oder vorm Kopf niemals hätte sehen können –, über all das hat sich dann ein anfangs dünner, später immer dichter werdender Schleier gesenkt. Die Liebe machte ihn sehend, seine Faulheit machte ihn blind.

Es gibt allerdings einen Fall, in dem das Sprichwort gleich-wohl zu Recht gebraucht werden kann: dann nämlich, wenn Liebe und Faulheit zusammenfallen oder die Liebe der Faulheit entstammt. Wer – sei es aus Selbstgefälligkeit, sei es aus Unsicherheit – einzig zu dem Zwecke liebt oder zu lieben vorgibt, um selber mit Liebe bedient und gestärkt zu werden, den freilich macht Liebe blind. Er pflegt sich auf seine Verdienste, seine Arbeit und vorzüglich seine Leiden zu berufen und fordert Liebe zum Dank dafür. Hier gilt's. Hier ist es aber nicht an irgendeinem dritten, sondern an dem derart falsch geliebten Wesen selbst, aufzustehen und zu sprechen: *Solche* Liebe macht *dich* blind. Diesem Blin-den kann der Star nur unter großen Schmerzen gestochen werden.

IV. Zwischen A und B

»*Wer A sagt, muß auch B sagen*«, ist ein Sprichwort, das sich von der großen Masse der übrigen auf den ersten Blick da-durch unterscheidet, daß es keinen Trost zu spenden, son-dern eine harte Notwendigkeit aufzurichten scheint. Eine Art Naturgesetz wird hier herangeführt, und es geschieht mit einer Bestimmtheit, die jede Widerrede ebensosehr aus-schließen will, wie das Naturgesetz jede Ausnahme aus-schließt. Indessen steht es doch nicht einfach in den Sternen geschrieben, daß auch B sagen müsse, wer A gesagt hat. Vielmehr ist, wie allgemeingültig es daherkommen mag, das Sprichwort auch hier nichts ohne den, der es spricht. Das Wörtchen »muß« verrät es, daß solch ein Naturgesetz für sich selber auf recht schwachen Füßen stünde, wäre da nicht einer, der ihm seine eigenen Füße liehe. Dieser verbirgt sich hinter dem Pomp solcher Allgemeingültigkeit und trägt den Satz als eine gewaltige Vermummung einher, nicht anders, wie jene Riesenfiguren im Maskenzuge, deren wahre Substanz man auch nur an den unten hervorschauenden Socken und Hosenenden erkennt.

Solch ein Socken ist hier das Wörtchen »muß«. An ihm verrät sich der verkappte Drängler, der es nämlich selber wünscht und will, und der noch einen Stoß dazu gibt, daß denn auch wirklich B gesagt werde. Man packe ihn bei diesem Socken, und man wird bald erfahren, warum ihm soviel daran gelegen ist, daß ringsum B gesagt werde: weil er selber schon längst B – und nicht allein B, sondern auch C und D und E und F und so das ganze Alphabet heruntergesagt und durchgebetet hat und kein anderes mehr zu sprechen versteht als eben dieses. Und weil es ihm darum unerträglich wäre, wenn andere ein anderes Alphabet benutzten. So gibt er das seinige eben für das allgemeine aus, als ob niemand sich dem entziehen könnte. Er gibt sich nüchtern und logisch, und seine Überredungskunst ist ebenso trocken wie sanft. Im Innern aber fiebert er vor Spannung und lauert nur darauf, daß sein B dem andern aus dem Munde komme.

Dieses Alphabet ist aber in Wahrheit keineswegs das allgemeine. Es beginnt nämlich gar nicht mit dem A, sondern mit dem B. Was ist ihm das bloße A? Das A allein gilt ihm gar nichts (obgleich er laut und öffentlich vorgibt, es sei Anfang und Verpflichtung). Auf das B-Sagen kommt's ihm an, und erst wenn das B gesagt ist, hat er seine Lust gebüßt und kann sich ausruhen. Erst dann schaut er getrost in die Zukunft, weil er weiß, daß das C und das D und das E und das F und all die andern immer rascher hervorsprudeln werden und gar nicht mehr aufzuhalten sind. Das A ist nur der Köder, den er auswirft, wartend, daß er mit dem Netze des ganzen restlichen Alphabets den Anbeißenden einfange. »Du hast A gesagt«, redet er uns an, »nun sei ein Mann, beweise Konsequenz und Charakter und sage auch B!« Das A findet er immer irgendwo in der Vergangenheit des derart Angesprochenen, er stellt ihn zwischen dieses supponierte A und das postulierte B und redet ihm ein, es gebe gar keine andre Wahl als eben B, wolle jener nicht ein Stümper bleiben.

Hier, zwischen A und B, ist der Moment, wo es aufzumerken und wachsam zu sein gilt. Man lasse sich nicht irremachen, blicke nicht scheu und scheel nach dem Sprecher, sondern forsche zuerst genau nach, ob man denn wirklich A gesagt hat, ob es dieses selbe A ist, das der Sprecher meint, dieser locker baumelnde Köder an der Angel seines Alphabets. Denn dieses sieht dem andern zwar zum Verwechseln ähnlich, ist aber doch nur ein nachgemachtes, falsches A, das die peinliche Lücke seines Alphabets (welches ja mit dem B beginnt) zu verdecken und zu verheimlichen dient.

Es ist das höchst vernünftige Alphabet des Satans. Zwischen A und B aber liegt die menschliche Freiheit, die es uns ermöglicht, die Buchstaben nach unserem Sinn zusammenzusetzen. Zu Worten, die den Ohren des Verführers nicht so angenehm und harmonisch klingen werden wie die Leier des B C D E F, die er uns entlocken möchte.

V. Das Asyl der Wahrheit

Die mehrfach bemerkte Skepsis des Sprichworts scheint in diesem einen Höhepunkt zu erreichen: »*Kinder und Narren sagen die Wahrheit.*«

Wird die Wahrheit Kindern und Narren überlassen, so mag es zwar um die Wahrheit recht gut, so muß es um die Erwachsenen und Verständigen aber hoffnungslos bestellt sein. Kinder und Narren sind die Hauptsorten von Außenseitern der menschlichen Gesellschaft, zu welcher sich jedermann gerne rechnet, der erwachsen und bei rechtem Verstand zu sein sicher ist. Kinderland und Narrenland sind zwei Enklaven auf der Landkarte dieser Gesellschaft, wohin man Sonntag nachmittags bei schönem Wetter von Zeit zu Zeit einen vergnüglichen Spaziergang unternimmt. Gut ausgeruht und bei muntrer Laune sieht man dann zu, wie die Bewohner dieser seltsamen Gegenden, welche gleichsam unter Naturschutz stehen, umherspringen und die Wahrheit sagen. Die Empfindungen, die die erwachsenen und verständigen Zuschauer hierbei hegen, sind sehr gemischter Art. Eine gewisse wehmütig-verliebte Sehnsucht nach solchem Paradiese vereinigt sich mit dem lebhaften Amüsement darüber, daß Kinder und Narren so kindisch und närrisch sind, die Wahrheit zu sagen. Läßt sich aber einmal einer der Ausflügler selber, was zuweilen geschieht, hinreißen und mischt sich unter die Kinder und Narren, um wie sie die Wahrheit zu sagen, so wird man es alsbald erleben, daß die Umstehenden ihn düster grimmig anfahren. »Weißt du nicht, wohin du gehörst? Siehst du nicht, daß es die Sache der Kinder und Narren ist, die Wahrheit zu sagen? Entweder bist du ein Kindskopf oder ein Idiot!« Obwohl solche Ausflüge ins Kinder- und Narrenland derart eine gewisse Gefahr mit sich bringen, und obwohl der Heimweg unter Umständen nicht in eben derselben strahlenden Sonntagslaune vonstatten gehen wird wie der Abmarsch von Hause, hat man doch selten davon gehört, daß die Erwachsenen und Verständigen ganz auf die süße Gewohnheit dieser Spaziergänge verzichten möchten. Die Gründe für ihre Beibehaltung sind nicht ganz leicht zu ermitteln. Es scheinen aber vornehmlich diese zwei zu sein: Würde man die Ausflüge aufgeben und die Kinder und Narren vollends sich selber überlassen, so müßte man fürchten, daß jene ihre Asyle verlassen und die Erwachsenen bei sich zu Hause aufsuchen, und dies könnte auf die Dauer sehr störend werden. Zweitens ist es tröstlich, sich ab und zu dessen durch den Augenschein zu versichern, daß es noch Kinder und Narren gibt, und daß also die Wahrheit noch gesagt wird.

Aber freilich: keiner, der das Sprichwort gebraucht, möchte selber ein Kind oder ein Narr sein. (Umgekehrt gebrauchen weder Kinder noch Narren das Sprichwort, denn sie haben es nicht nötig.) Es liegt somit eine bedeutende Entlastung für die Erwachsenen und Verständigen darin, daß – wie es im Sprichwort heißt – Kinder und Narren die Wahrheit sagen. Auf solchen geordneten Verhältnissen beruht es, daß, wer bei Verstande ist, auch »bei Troste« ist.

Jenes kleine Kind, das in Andersens Parabel von »des Kaisers neuen Kleidern« endlich den Ausruf tat, den alle Erwachsenen und Verständigen zurückhielten – den Ausruf: »Der Kaiser ist ja nackt!« –, jenes Kindlein befreite das ganze Land von dem Bann, der auf ihm gelegen und der allen seinen Bewohnern das Zutrauen zu sich selbst genommen hatte. Dieser Ausruf war wie eine Stecknadel, mit der man eine noch so riesengroße Blase aufsticht. Er befreite also nicht nur die andern Kinder und die Narren, sondern vor allem gerade die Erwachsenen und Verständigen, die sich nicht selber hätten befreien können, den Kaiser und seine Minister mit eingeschlossen. Es mag vielleicht wundernehmen, daß das Kindlein eine so bedeutende Wirkung hervorbrachte, und vor allem, daß man ihm nicht sofort den Mund gestopft hat. Aber das erklärt sich leicht aus dem Umstande, daß Andersens Geschichte ja ein Märchen heißt.

»Was tut Gott: die ganze Geschichte ist nicht wahr.« Märchen handeln aber fast immer davon, daß ein Zauber gelöst wird und der Mensch frei und glücklich hervorgeht.

Von der großen Märchenhoffnung auf endliche Befreiung durch die Wahrheit und also durch ein Kind oder einen Narren – von dieser Hoffnung ist auch im Sprichwort noch eine schwache Spur enthalten. Bei aller Selbstgenügsamkeit der Erwachsenen und Verständigen, die ihm innewohnt, erkennt es immerhin eine Instanz an, die stellvertretungsweise sich damit beschäftigt, die Wahrheit zu sagen. Eine Instanz freilich, über die man, das Sprichwort im Munde, lachend sich jederzeit hinwegsetzen kann, ohne irgend befürchten zu müssen, daß man damit aus dem allgemeinen Rahmen fiele. Im Gegenteil: eher wird man, spricht man es aus, den vergnügten Beifall aller übrigen Erwachsenen und Verständigen finden.

So liegt die *Wahrheit* in diesem Sprichwort zwar im Grabe, aber doch nur halb. Halb schaut sie auch daraus hervor. Sie gleicht jenen Toten auf den alten Bildern, die im Begriffe sind, sich aus ihren Särgen zu erheben, während die Posaunen des Jüngsten Gerichts ertönen.

VI. »Ende gut, alles gut«

Dies mag mit einem Seufzer freudiger Erleichterung ausgesprochen werden von Leuten, welche Zeugen eines gewagten und sie, die Zuschauer, in Atem haltenden Unternehmens gewesen sind. Nun der Erfolg sicher ist, wird aller Ärger und alle Aufregung, die man zuvor hatte erleiden müssen, gern vergeben und vergessen. Es mag aber auch von dem Handelnden selber nach vollbrachter Tat denjenigen Kritikern entgegengehalten werden, die auch jetzt noch nicht darauf verzichten wollen, an dem oder jenem Mittel zu mäkeln, obwohl es zum Erfolg verholfen hat. Was wollt ihr? – spricht dieser – der Erfolg gibt mir ja recht, Ende gut, alles gut.

Die Überzeugungskraft, die das Wort derart im Munde des Glücklichen und Erfolgreichen hat, ist groß. Daher wird es vielen seiner Zuhörer, ja dem Sprecher selbst, entgehen, daß diese Selbstrechtfertigung mit Hilfe eines Tricks zuwege gebracht wird. Das »Ende« heißt nämlich gut, weil es gut bekommt. Das »alles« indessen – alles, was vorherging und zu diesem Ende führte – wird gar nicht daraufhin angesehen, ob es gut bekommen ist, gar ob es allen gut bekommen ist. Sondern »alles« wird gut geheißen, weil das Ende gut bekommt. Und umgekehrt wird das Ende nicht daraufhin angesehen, ob es gut *ist*, sondern man läßt sich daran genügen, daß es eben gut bekommt. Der Trick besteht also in der hurtigen Glätte dieses Satzes, in seiner abgekürzten Form. Würde man es umständlicher ausdrücken, so würde die Täuschung offenbar. »Bekommt das Ende gut, so war alles gut«: das leuchtet nicht entfernt so leicht ein. Auch werden dieselben Leute, die zuvor so zufrieden waren und im Triumph des guten Endes sich sonnten, sich jetzt alsbald zerstreuen, denn sie werden kaum den Ruf auf sich nehmen wollen, Zyniker zu sein.

»Alles« wird hier von der erwähnten Sonne des Triumphs rückwärts beglänzt, einer künstlichen Sonne, die überdies die Umstehenden blendet. Gibt das Ende aber kein Licht, so pflegen merkwürdigerweise mindestens die Handelnden (aber auch viele Zuschauer) keineswegs so schnell bereit zu sein, darum auch »alles« im Dunkel zu belassen. »Ende schlecht, alles schlecht« – wie doch das natürliche Pendant zum Sprichwort lauten müßte – hat man noch selten gehört. Im Gegenteil versucht man in diesem Falle meist, das ausgebliebene Licht auf andere Weise zu beschaffen und wenn nicht »alles«, so doch einiges zu rechtfertigen und gut zu heißen, *obwohl* das Ende schlecht bekommt. Nach einem Mißerfolge strebt jedermann, die guten Absichten hervorzukehren, die er doch gehabt habe. Man betrachtet also diesmal »alles« ganz unabhängig vom »Ende« und läßt es sich sehr angelegen sein, (wenn anders man aus dem schlechten Ende mit dem Leben davongekommen ist), den Satz zu erweisen: *War auch das Ende schlecht, so war doch keineswegs alles schlecht.*

Es läßt sich also alles sehr wohl auch für sich betrachten und prüfen, ganz unerachtet des Endes, zu dem alles führt. Prüfen wir denn alles, möglichst schon ehe das Ende da ist, und vergessen wir nicht die Ergebnisse dieser Prüfung, wenn es da ist! Währenddessen können wir des einen sicher sein (und das ist die angekündigte Variation):

Alles gut, Ende gut.

VII. Der stolze Dumme und der dumme Stolze

Ein kräftiges Wort, das böse dreinfährt: *Dummheit und Stolz wachsen auf einem Holz.*

Auf dem Holze der menschlichen Natur nämlich. Gemeinhin kommt uns das Wort freilich nur dann über die Lippen, wenn der stolze Dumme vorübergeht, aufgebläht und selbstgefällig lächelnd – der, dessen Dummheit offenkundig und dessen Stolz nur die Maske dieser seiner Dummheit ist. Der »stolziert« im hellen Lichte der Straße einher, und das Sprichwort wird im Dunkel hinter dem Fenster gesprochen, hämisch und voll Ärger über solch gespreiztes Wesen. So findet es sich leicht im Munde der Vergrämten und Übergangenen – weswegen es freilich nicht weniger wahr ist. Bloß ist auch diese Wahrheit meist ohnmächtig, mindestens gegenüber eben jenem stolzen Dummen, denn er müßte nicht dumm sein, wenn er sich kritisieren oder belehren, wenn er sich die Maske des Stolzes herunterreißen ließe. Nein, die sitzt fest – und darum ist das Sprichwort nach dieser Seite hin ebenso giftig wie resigniert. Wer es so verwendet, hat die Hoffnung schon aufgegeben, wahrscheinlich nicht nur die Hoffnung, die sich an den oder jenen Menschen knüpft, sondern die Hoffnung auf eine Wendung zum Besseren im Lauf der Welt überhaupt. Deswegen, weil jener vorbeiwandelnde Dumme – in dessen Figur sich ihm der Weltlauf konzentriert und personifiziert darstellt – nicht auf seine Dummheit stolz ist, sondern auf seinen *Erfolg* in der Welt. Der hämische Betrachter hinter dem Fenster wird aber stets geneigt sein, diesen Erfolg eben der Dummheit zuzuschreiben. Auf seine Dummheit selber kann der stolze Dumme darum schon nicht stolz sein, weil er sie nicht kennt. Dazu ist der Dumme eben zu stolz, daß er sich eingestünde, dumm zu sein.

Das wäre der stolze Dumme. Das Sprichwort hat aber noch ein anderes Ziel, auf das es nicht minder gut sich abschießen läßt: den dummen Stolz. Und hier besteht begründete Aussicht, daß der Pfeil tiefer eindringt und womöglich eine heilsame Wunde verursacht als bei jenem stolzen Dummen, der ein viel zu dickes Fell hat, als daß er je dergleichen zu spüren vermöchte. Dummheit und Stolz wachsen auf einem Holz – das kann auch heißen: Guter Freund, dein Stolz läßt auf Dummheit schließen! Oder: es ist dumm von dir, stolz zu sein! Wäre es nicht besser, du würdest bescheiden? Man wird stolz, wenn man dumm ist – hieß es zuvor und heißt es für gewöhnlich. Jetzt heißt es: es ist dumm, stolz zu sein. Der Stolze ist nur darum stolz, weil er dumm ist. Wäre er nämlich gescheit, gar weise, so sähe er, daß kein Anlaß besteht, stolz zu sein. Von hier aus fällt denn auch ein helleres Licht auf die vorige und gewöhnliche Art des Gebrauchs dieses Sprichworts. Denn es zeigt sich, daß ebensosehr der Dumme einzig und allein darum dumm ist, weil und sofern er stolz ist. Wäre er nämlich bescheiden, so wäre dies bereits das erste Zeichen von Einsicht, und das dicke Fell, die Schwarte seiner Dummheit, begänne zu zergehen an der Sonne dieser Einsicht.

Kurz: Dummheit ohne Stolz ist gar nicht mehr Dummheit, sondern allenfalls Unwissenheit oder Einfalt. Und diese geht ja gerade mit der Bescheidenheit oder Demut einher nicht anders wie die Klugheit. Und Stolz ohne Dummheit ist auch kein Stolz, kann es nicht sein, sondern allenfalls Diskretion oder Souveränität.

Nun ist noch dieser komplizierte Fall zu erörtern, der dann vorliegt, wenn jemand sich selber für zu dumm erklärt, um dies oder das zu verstehen. Er scheint und gibt sich bescheiden, ist aber in Wahrheit gerade stolz, und man kann Gift darauf nehmen, daß er diese Dummheit, die er sich laut attestiert, im stillen bei sich selber als eine ganz besondere Klugheit versteht und übersetzt. Und an diesem Stolz, als der sich seine vorgebliche Bescheidenheit enthüllt, ist unzweideutig zu erkennen, daß er dumm ist. Er sagt, er sei dumm, und er ist es trotzdem wirklich. Eben deswegen wird es ihm stets sehr unangenehm sein, wenn man's ihm aufs Wort glaubt, was er sagt. Die Probe darauf kann man jederzeit machen, wenn man mit dergleichen Leuten zu schaffen hat und dieser Redewendung begegnet. Das ist der dritte, der

zum stolzen Dummen und zum dummen Stolzen hinzu-
kommt: der dumme Dumme. Man sage es ihm auf den Kopf
zu, dann ist er der Dumme.
Dieses Sprichwort ist also, obgleich es so oft von Ohnmacht
eingegeben wird, von höchster Moral. Es brandmarkt die
Dummheit als das, was sie ist: ein *Laster*. Sie ist das Laster
des Stolzes, der Selbstgerechtigkeit. Dies *eine* Holz abzusä-
gen, ist die größte, schwierigste und edelste Arbeit unseres
Gewissens. Sie bleibt es, selbst wenn man dabei die Entdek-
kung machen sollte, daß es das Holz des Astes ist, auf dem
wir sitzen.
An diesem Sprichwort gibt es nichts zu variieren.

VIII. Aller Tage Abend

Der Schauer der Endzeit und der letzte Dinge scheint uns
anzurühren, indem wir dieses Sprichwort hören: *Es ist noch
nicht aller Tage Abend.*
Denn »aller Tage Abend« – das ist das Ende der Welt, das
Ende der Zeit. Die letzte Dämmerung, nach der kein neuer
Tag mehr anbricht und die, herniedersinkend, alles Tage-
werk, Mühen und Streben, alle Umwälzungen, Triumphe
und Niederlagen des menschlichen Geschlechts vergessen
und vergangen machen und in ein Dunkel hüllt, das sich
nicht mehr lichten soll – diese letzte Dämmerung wird hier
beschworen.
Zu welchem Ende aber? Vorab und für gewöhnlich zum
Troste. Laß dich nicht so sehr bedrücken von den Sorgen
dieser Tage – so ist die Meinung dessen, der das Sprichwort
im Munde führt –, es wird sich auch dieses Blättchen wenden, es geht alles vorüber, warte nur ein Weilchen, es ist

noch nicht aller Tage Abend! Die Geduld, die hier gepredigt wird – mag es, sie zu bewahren, leicht oder schwer fallen –, soll ihre Hoffnung aus dem Umstand ziehen, daß alles Irdische vergänglich ist. Der so rät, hat vielleicht Anzeichen bemerkt, gute oder schlechte Gründe für die Annahme ermittelt, daß Veränderungen bevorstehen. Gleichwohl kann er doch mit diesem Sprichwort bestenfalls nur eine Art von chinesischer Gemütsverfassung hervorbringen. Etwa nach dem Muster jener »drei gelben Alten«, von denen im chinesischen Märchen erzählt wird, sie hätten es in der Selbstabtötung und Weltabgewandtheit so weit gebracht, daß ihnen auf der Insel, wo sie seit unvordenklichen Zeiten sitzen, die Käfer und Würmer zum einen Ohre herein- und zum anderen wieder hinauskriechen können, ohne daß sie es nur wahrnähmen. Denn wenn dies, die gegenwärtigen Sorgen, vorübergegangen und andere Tage, bessere Tage für den also Getrösteten angebrochen sein werden, so wird es auch dann, in der Epoche seines Glücks, ja unverändert gelten: es ist noch nicht aller Tage Abend. Dann freilich wird er es nicht so gerne hören, und wenn es dennoch – nun von einem entweder hämischen und mißgünstigen oder auch von einem weise mahnenden Genossen dieser Zeit – ausgesprochen wird, so mag der Trost von vordem sich nun leicht in *Drohung* verwandeln. Gib nichts darauf (heißt es nun), daß es dir gut geht und du ans Ziel deiner Wünsche gekommen bist, daß die Welt dir nun wohlgeordnet erscheint: es ist noch nicht aller Tage Abend, und bis dahin wird auch dies sich wieder wenden.

Abends pflegt man schlafen zu gehen, und der Schlafende, träumt er nicht gerade sehr lebhaft, merkt nichts von der Welt. So wohltätig und wunderbar diese Gabe des Schlafes ist – wir mögen doch nicht gern alle Hoffnung in dieser Welt auf jenen letzten Schlaf setzen, in den wir sinken werden, wenn aller Tage Abend angebrochen sein wird. Es ist ja auch merkwürdig genug, daß die Erfinder dieses Sprichwortes das Ende der Zeiten im vergehenden Schein des Abends erblickt haben, da doch biblisch mit gutem Grunde vom Jünsten *Tage* gesprochen wird. Bringt man beides zusammen, so tritt das Sprichwort in ein neues Licht, worin Trost und Drohung in eins zusammenfließen: Aller Tage Abend wäre dann der Abend des Jüngsten Tages, der Abend, der sich dann in der Tat friedlich über eine gereinigte und geordnete, weil gerichtete Welt senkt. So verstanden, flößt das Sprichwort auch Hoffnung ein, aber nicht auf einen absoluten Schlaf, sondern auf absolute *Gerechtigkeit*. Diese aber, die in der biblischen Allegorie, vom schärfsten und strahlendsten Tageslicht umgeben, ans Ende der Zeiten versetzt wird, steht doch zugleich, da wir den Anbruch dieses Tages und Abends nicht im voraus kennen, über allen unseren gegenwärtigen Tagen und Abenden. Wäre dem nicht so, würden wir der Gerechtigkeit vergessen und *diese* Hoffnung aufgeben, so könnte uns freilich nur noch ewiger Schlaf retten – ja wir schliefen in Wahrheit schon, und kein Blättchen würde sich mehr wenden, weder zum Guten noch zum Schlechten.

Es ist freilich noch nicht aller Tage Abend. Aber so lange gilt es doch, daß alle Tage »Jüngste Tage« sind, an denen sich, wenn auch kein Richterspruch zu hören ist, etwas entscheidet, was nicht mehr wird ausgelöscht werden können, bis aller Tage Abend alles zudeckt.

ÜBER EINE FABEL VON LESSING

Karl Jaspers gewidmet

Die Fabel heißt »Der Esel mit dem Löwen« und lautet folgendermaßen:

»Als der Esel mit dem Löwen des Äsopus, der ihn statt seines Jägerhorns brauchte, nach dem Walde ging, begegnete ihm ein anderer Esel von seiner Bekanntschaft und rief ihm zu: Guten Tag, mein Bruder! – Unverschämter! war die Antwort.«

Sie ist noch nicht vollständig erzählt, es folgt noch etwas nach, aber wir wollen fürs erste annehmen, sie wäre zu Ende; sie könnte ja auch hier zu Ende sein, denn sie gibt auch so einen runden Sinn. Sie ist wunderbar knapp und prägnant erzählt, enthält kein überflüssiges Wort, ist vollkommen begreiflich und mutet ganz wie eine klassische Fabel an. Obendrein nennt sie selbst den Klassiker der Fabeln, den Äsopus, beiläufig und wie zum Spaß – »der Löwe des Äsopus«, das ist der altbekannte, wohlvertraute, der keiner näheren oder weiteren Beschreibung bedarf, nicht irgendein Löwe, sondern eben dieser klassische Löwe. Und in dieser Berufung, in diesem Ausweis liegt auch zugleich ein literarisches Programm, nämlich es wird Einverständnis darüber verlangt oder vielmehr mit anmutig leichter Hand vorausgesetzt, daß hier nichts wesentlich Neues, Originales, aus dem Grunde der Natur oder des Genius Erschaffenes vorgetragen, daß vielmehr nur aus guten alten, überlieferten, gleichsam kanonischen Figuren und auch nach dem Schema der alten überlieferten Gattung (eben der Fabel) ein leicht verändertes Spiel zusammengesetzt wird. Diese alten Figuren, will das heißen, der Löwe des Äsopus und der Esel des Äsopus und der Wolf und das Schaf und der Fuchs und all die anderen – dieser Vorrat reicht vollkommen aus, noch für lange, vielleicht für ewige Zeiten, man braucht durchaus nichts hinzu zu erfinden; bringt man sie nur in die rechte Konstellation, so werden sie auch immer von neuem reden und bedeuten. Eine solche typische Konstellation wird hier vorgestellt: der Esel mit dem Löwen. So geht es in der Welt zu. So geht es einem, wenn man als harmloser Normal-Esel des Wegs kommt und begegnet einem Artgenossen, der her-aufgekommen ist und den Löwen begleiten darf (wenn er ihm auch in Wahrheit nur als Schreier dient, als Hifthorn, das Wild zu schrecken). Eine solche Antwort muß man von dem Löwen-Esel gewärtigen, wenn man naiv und zutrau-lich genug ist, ihn als Bruder zu begrüßen, also über den natürlichen die gesellschaftlichen Gefühle zu vernachlässi-gen. Was lernt man daraus? – Man muß sich mit dem Welt-lauf abfinden, obwohl oder gerade weil man ihn genau er-kennt – das ist die Lehre aller rechten Fabeln –, in unserem Falle also: man wird gut tun, einen solchen Löwendiener trotz aller Artverwandtschaft nicht als »Bruder« anzureden, man wird entweder einen anderen Weg gehen oder aber eine stumme Verbeugung machen. Oder auch: man wird kein Esel sein, denn hier zeigt sich, daß man ein Esel sein müßte, wenn man ein Esel wäre.

*

So trocken wäre die »Moral« – aber Fabeln haben keine Mo-ral außer jener einen: Seht, so geht es zu in der Welt, welche bittere und heitere Weltkenntnis denn freilich eine unerläß-liche Voraussetzung allen ernstlichen moralischen Han-delns ist, wenn es nicht in idealischen Illusionen verfliegen oder verschwimmen soll – so trocken also wäre die Moral dieser Fabel von Lessing, wenn sie wirklich eine klassische Fabel oder wenn sie an diesem Punkt schon zu Ende wäre. Sie geht aber noch weiter. Der harmlose und brüderliche Esel steckt den »Unverschämten« nicht ein, sondern er setzt eine neue Antwort drauf, und diese richtet sich nicht bloß an den artvergessenen Löwendiener, sondern sie ist ein wenig auch zugleich an der Rampe und ins Publikum gesprochen. Hier ist der Schluß, wie er wirklich da steht:

»Unverschämter! war die Antwort. – Und warum das? fuhr jener Esel fort. – Bist du deswegen, weil du mit einem Löwen gehst, besser als ich? Mehr als ein Esel?«

Diese Replik ändert die Situation und die Meinung gründlich. Sie gleicht sogar einem Signal zur Änderung des Weltlaufs. Der so spricht, wächst im selben Augenblick über die Rolle des Fabel-Esels hinaus – des Fabel-Esels, der dahin trabt und die Säcke trägt oder durch unklugen Rechtssinn die Beute und sein eignes Leben an den Löwen verliert oder eben auch sich dummdreist bläht, weil er mit seiner Stimme die Tiere für den König scheuchen kann. Man ist versucht, den, der hier so kämpferisch die Stimme erhebt, aus dem Eselsstande zu erheben, da solches Selbstbewußtsein offenbar der überlieferten Rolle widerstreitet, welche zumeist gerade durch die Verkennung seiner Befugnis und durch naive Aufblähung seiner Ohnmacht bezeichnet ist. Ein Esel, der auftrumpft und widerspricht, zur Ordnung ruft und recht behält – in der Fabelwelt wie vor den Lesern –, der ist kaum noch ein Esel zu nennen. Er redet ja fast wie ein edles Pferd. (Oder redet er wie ein Ochse?) Der Weltlauf also soll verändert werden – das ist ein revolutionärer Ton. Wir sollen uns – so tönt es von der Rampe her – gerade nicht damit abfinden, daß der Löwen-Esel, daß die Schranze sich derart spreizt und in frechem Hochmut ihresgleichen verleugnet. Und dieser Fürstenknecht selbst soll aus seiner angemaßten Position, wenn nicht aus der sozialen, so doch aus der moralischen Position herausgepfiffen, er soll von der Fürstenpartei abgesprengt, an seine Herkunft erinnert und kräftig zur Solidarität, zur »Brüderlichkeit« ermahnt werden – denn an diese appelliert ja die Anrede »Guten Tag, mein Bruder«. Der Löwe freilich bleibt aus dem Spiel – so weit geht die Revolution nicht –, bleibt überhaupt blaß; es ist fraglich, ob er jenem Wortwechsel auch nur das Ohr, geschweige sein Interesse geschenkt hat: hier handelt es sich um eine Sache, die die Esel untereinander auszumachen haben. Was wird sich ereignen, wenn die beiden einander abermals begegnen? Der selbstbewußte Normal-Esel wird abermals grüßen, wenn auch nicht mehr naiv und zutraulich wie zuvor, sondern entweder fordernden und prüfenden Blicks und Tons oder aber eisig und blicklos – vielleicht wird er auch die brüderliche Anrede weglassen – oder wenn er es ganz unterlassen sollte, auch nur stumm mit dem Kopf zu nicken, so unterläßt er es gewiß nicht aus kluger Einsicht in den Weltlauf und die schlimme Ordnung der Dinge, sondern gerade aus Trotz und weil er von der Fruchtlosigkeit seines vorigen Appells überzeugt ist. Der andere aber – wird er sich über sein schlechtes Gewissen (denn er hat jetzt ein Gewissen, was er zuvor nicht hatte!) mit vermehrter Frechheit hinwegsetzen und, im Falle des Grußes, jenem abermals über den Mund fahren? Wird er sich mit einem huldvollen oder gar mit einem verlegenen Kopfnicken bescheiden? Oder wird er sich des Zwischenfalls reuig erinnern, sich zu seiner »Eselheit« bekehren und den brüderlichen Gruß brüderlich erwidern auf die Gefahr hin, in den Augen des Löwen an Geltung zu verlieren – was er freilich in Wahrheit gar nicht zu befürchten braucht, da der Löwe offenbar recht wohl weiß, daß er es mit einem gewöhnlichen Esel zu tun hat? Oder wird er am Ende schon beizeiten die Konsequenzen ziehen, seine unwürdige, selbst eines Esels unwürdige Rolle erkennen, seine Eitelkeit preisgeben und den Dienst des Löwen quittieren also, daß er künftig seinen Brüdern und Verwandten allzeit frei und offen wird begegnen und ins Gesicht sehen können? – Ich weiß nicht, ob dieser Katalog vollständig, ob die moralischen Möglichkeiten für den Fall der Wiederholung, die Möglichkeiten der revolutionären Veränderung erschöpft sind – aber so viel ist sicher: daß mindestens diese Möglichkeiten offenstehen, daß also die Wirkung jenes Appells von Esel zu Esel offen bleibt, und daß der Fall sich so, wie ihn die Fabel berichtet, gewiß nicht wiederholen wird.

Genau aus diesem Grunde aber ist diese Fabel von Lessing keine klassische Fabel. Denn die klassische Fabel greift nicht anders als erkennend in den Weltlauf ein, und ihre Gültigkeit schreibt sich davon her, daß sie in knappem Bild und Vorgang faßt, was hier und heute, aber doch auch von je und für alle Zukunft da und dort und immer wieder begegnet, was sich gerade so und durchaus nicht anders wiederholt. Diese aber setzt ein Ende und einen Anfang. Ihre Pointe liegt gerade darin, daß sie ihre eigne Gültigkeit aufzuheben trachtet, daß sie die Wiederholung auszuschließen bezweckt. Darum ist sie keine klassische Fabel, wenn anders sie überhaupt noch eine Fabel heißen darf.

Nun ist aber diese Fabel von Lessing gar nicht frei und neu erfunden. Jener literarische Traditionalismus, der sich schon in der beiläufigen Erwähnung des Äsopus kundtat, ist nicht bloß eine stilistische Geste – wie man danach noch vermuten könnte –, sondern er ist ganz solide befolgt worden: die Fabel hat ein antikes Muster, und wie wenig es ihrem Autor in den Sinn kam, sich hierdurch als Nachahmer bloßzustellen, wie sehr er vielmehr gerade in der Bearbeitung, Abwandlung und Weiterbildung der Vorlagen das Wesen solcher Kunstübung erblickte, das zeigt der einfache Umstand, daß die antike Vorlage gleich unter der Überschrift offen angegeben ist: »Phädrus lib. I Fab. 11.« Lesen wir nach, was bei Phädrus, dem »Freigelassenen des Augustus«, der unter Tiberius und Caligula seine fünf Bücher »Äsopischer Fabeln« geschrieben und veröffentlicht hat, in dieser elften Fabel seines ersten Buches steht, so finden wir zwar den Löwen und auch den einen Esel, der ihm dient, aber von dem zweiten nicht die mindeste Spur. Die Vorlage hat genau das zum Inhalt, was bei Lessing in dem kurzen Beisatz resümiert wird, daß der Löwe jenen ersten Esel »statt seines Jägerhorns brauchte«: Phädrus schildert das ebenso ingeniöse wie bequeme Jagdverfahren des großen Herrn, wie der das Wild erlegt, das jener ihm durch sein Geschrei aus dem Versteck zutreibt. Und schließt dann folgendermaßen:*

Des Mordens müd', ruft er den Esel vor
Und heißt ihn schweigen. Drauf der eitle Narr:
»Wie dünkt dir, Freundchen, meiner Stimme Leistung?«
»Ei!« spricht der, »trefflich! Ja, hätt' ich's gewußt
    nicht,
Wes Geistes Kind du, riß' ich selbst auch aus.«

Was hier die Pointe, ist dort bei Lessing nur noch die vorausgesetzte Situation oder die Gelegenheit, eine ganz neue

* In der Verdeutschung von Dr. Johannes Siebelis, erschienen in der Langenscheidtschen Bibliothek sämtlicher griechischen und römischen Klassiker, Stuttgart 1857.

Begegnung und Figur einzuführen. So weit also wäre es leicht und rasch bestätigt, daß Lessings Fabel nicht klassisch ist, mindestens mit ihrer klassischen Vorlage nicht eben viel gemein hat – sie ist ihm in diesem Fall kaum mehr als Anlaß. Indessen läßt sich noch ein andrer, gründlicherer Einwand aus dem Gedicht des Phädrus gewinnen: es hat nämlich eine formulierte »Moral«, ein »Merke«, eine allgemeine Regel, womit es sogar eröffnet wird wie übrigens fast alle seine Gedichte, und diese sieht auf den ersten Blick einer tendenziösen Parole, wie sie der Lessingsche Bürger-Esel aussprach, nicht unähnlich:

Der Schwächling, der sein Lob posaunt, täuscht nur
Den Unbekannten; wer ihn kennt, verhöhnt ihn.

Wie man es so häufig findet, vermag auch hier die abgezogene Regel den Sinn und das Verhältnis, welches hernach durch Figur und Vorgang der anschauenden Erkenntnis dargeboten wird, nicht vollkommen auszuschöpfen – in der Erzählung steckt mehr als in diesem Merkspruch, vor allem eine sehr bestimmte Konstellation von Macht und Dienst und Opfer, die da in aller Nacktheit vorgeführt wird, im Sprüchlein aber reichlich abgeblaßt nur wiederkehrt. Dort steht der eitle Löwen-Diener, nur Werkzeug und nicht einmal »unabkömmlich«, zwischen dem wilden Herrscher – wenn er sich für diesmal auch jovial und bloß ironisch gibt – auf der einen, dem verschreckten Tiervolk auf der andren Seite; hier hingegen ein recht allgemeiner »Schwächling« zwischen einem, der ihn als solchen kennt, und andren, die ihn nicht kennen, womit denn ersichtlich nur ein unspezifisches Element aus der Dichte des konkreten Bilds herausgezogen ist. Die Moral enthält weniger als die Geschichte, von der sie die Moral ist. Schon dies erweist, daß ein Merkspruch solcher Art der Fabel selbst nicht notwendig zugehört, man kann ihn auch weglassen und dem Leser oder Hörer die Nuß ganz rund und ungeknackt darbieten: so geht am Ende weniger vom Kern verloren. Jener Solidaritätsappell des Lessingschen Normal-Esels mit seiner teils selbstbewußten, teils auch aufmuckenden Tonart (»Bist du besser als ich?« – das klingt wie mit der Hand im Hosensack gesprochen): das ist nicht abgezogene Regel oder Anleitung zum Verständnis, sondern das gehört zum Vorgang, bildet sogar geradezu seine Pointe. Mit dem Merkspruch des Phädrus kann ein Redner zwar eine politische Figur oder Gruppe enthüllend treffen und solchen Esel dem allgemeinen Gelächter, vielleicht gar dem Aufstand preisgeben, aber das kann er noch besser mit der Fabel selbst ohne den Merkspruch des Phädrus, und zudem geht die Veränderung, die er derart möglicherweise hervorruft, in der ganz andren Sphäre der politischen Wirklichkeit vor sich, also durchaus jenseits der Fabel und gewiß ohne deren Gültigkeit zu vermindern oder gar aufzuheben. Conclusio: Phädrus liber I Fabula 11 vermag die These, Lessings Fabel sei keine klassische Fabel, nicht im geringsten zu beeinträchtigen, vielmehr nur zu bekräftigen.

Dies aber noch aus einem anderen nicht sowohl formellen als vielmehr sehr substantiellen Grunde: bei Phädrus gibt es nur einen Esel, bei Lessing deren zwei. In einer alten oder klassischen Fabel wäre eine solche Begegnung von Esel und Esel, wäre eine Mehrzahl von Individuen gleicher Gattung gar nicht möglich. Der Wolf und das Lamm, le corbeau et le renard, der Fuchs und der Storch, der Weih, der Frosch und die Maus, la cigale et la fourmi und so fort und so fort – und so auch »der Esel mit dem Löwen auf der Jagd«: das sind alles klassische Ensembles. Eine Gattung kommt stets nur einmal vor, und zwar als rundes Exemplar, welches eben die

Gattung in ihrer spezifischen Macht oder Ohnmacht, Schlauheit oder Dummheit, List oder Kraft repräsentiert. Es kann gar nicht zwei Exemplare geben, das Exemplar ist seinem Wesen nach immer in der Einzahl, sonst wäre es kein Exemplar und nicht exemplarisch. Denn das Exemplar ist kein Individuum. Als Exemplar geht es gleichsam in der vorgezeichneten Bahn, macht es die vorgeprägte Figur, spielt es die vorgeschriebene Rolle. Gerade dadurch ist die Fabel fähig, eine politische Situation des menschlichen und also geschichtlichen Lebens, worin Individuen auf ihren eigenen Wegen und mit ihren eigenen Motiven zusammentreffen, gleichsam mit einem Schlag zu deuten: wir erkennen durch diese Fabel plötzlich, welche Rolle wir Individuen in diesem Fall und in dieser Lage spielen, was für eine Figur wir in diesem Augenblick machen, was für eine Bahn wir betreten haben – der Augenblick, der Kasus, die Konstellation wird exemplarisch, gerinnt zum Beispiel, subsumiert sich, durchaus anschaulich, unter das pralle Bild der Fabel, wir werden uns selbst gewahr und mögen nun Bahn, Figur und Rolle entweder annehmen oder ablehnen, wir können, in jedem Fall, wieder Individuen werden. In jener Fabel von Lessing aber vermischen sich die Sphären: es gibt darin zwei Exemplare einer Gattung, eines mit dem richtigen und eines mit dem falschen Bewußtsein, einen art- oder klassenbewußten und einen artvergessenen Esel, einen der stolz ist, ein Esel zu sein und einen, der mehr zu sein meint als ein Esel, aber eben in Wahrheit doch auch nichts anderes ist als ein Esel. Die Korrektur des individuellen, abweichenden Bewußtseins, Selbstgefühls und sozialen Verhaltens ist der Zweck, die unbestreitbare reelle *Gleichheit* der Individuen einer Gattung die Pointe der Fabel. Was einer auch denken und sich einbilden mag: asinus ist gleich asinus, kraft der Asinität, die alle einzelnen asini von Natur zu solchen macht und ebendarum als Idee auch moralisch einigen soll. In dem Phänomen der Mehrzahl von Exemplaren – daß dem, der mit dem Löwen daherkommt, sein Ebenbild als peinlicher Mahner begegnet und ihn an seine Bestimmung erinnert, wie vom Himmel gesandt, hinterm Baum hervor und unangenehm brüderlich grüßend –, in diesem Phänomen der Mehrzahl und des Ebenbilds steckt sofort die Wirklichkeit der Individuen und das Problem der Gleichheit, welches beides nicht auseinandergetrennt werden kann. In der Fabel selbst noch treten wir aus der Fabel heraus, nämlich aus dem Exemplarischen ins Individuelle und aus der anschauenden Erkenntnis ins moralisch-soziale Postulat. Darum vollends ist es eine *moderne* Fabel.

Noch ein Wort zur Erläuterung. In der alten Fabel (wozu nicht nur Äsop und Phädrus, sondern auch Lafontaine gerechnet werden muß) gibt es natürlich auch Mehrzahl, nur nicht Mehrzahl von Individuen einer Gattung. In den äsopischen Geschichten ist die Mehrzahl freilich seltener als die deutlich exemplarische Einzahl – wofür die Beispiele oben schon aufgeführt wurden. Wenn aber eine Mehrzahl auftritt, so erstens in Gestalt der geschlossenen Gruppe – »die Gänse« (und der Marder) oder »die Frösche« (und der Esel) oder die Mücken (beim Honig) –, das ist also jedesmal das Gänse-, Frosch- oder Mückenvolk im ganzen, welches sich denn auch völlig ein-artig aufführt, jeweils wie ein einziges Wesen. Dies ist überhaupt kein echter Plural, sondern (wenn der Ausdruck erlaubt ist) eher ein Total. Zweitens kommt das Plurale-tantum vor, wofür die Fabel »Boves et axes« das Beispiel bietet: die Rinder, die den Wagen ziehen, streiten mit den Achsen, auf denen die Last ruht, um das größere Verdienst. Wiederum ist die Mehrzahl fast unwesentlich, es könnte fast ebensogut ein Rind mit einer Achse (eines zweirädrigen Karrens) streiten, aber man fühlt, daß hier die Mehrzahl – eben im Sinne des Plurale-tantum – eher noch exemplarischer wirkt, als es die Einzahl täte. Selbstverständlich sprechen beide Parteien nur mit je einer einzigen Stimme. Drittens gibt es das Phänomen der Herde oder, wenn sie klein ist, der Gruppe, die wohl auch einmal gezählt wird, dann aber nur, weil es etwa der Löwe darauf anlegt, die »Einigkeit« dreier weidender Rinder zu sprengen – zu teilen, um zu herrschen oder vielmehr zu fressen. Auch dann haben alle drei selbstverständlich nur eine Stimme und nur eine Rolle, sei es auch diejenige, voneinander getrennt zu werden. Endlich ließen sich noch jene Verwandtenpaare anführen von dem Schema »Feldmaus und Stadtmaus« oder »Hofhund und Jagdhund«, wobei indessen die Mehrzahl und die Gleichheit nur Schein ist, da es ja vielmehr gerade auf die Differenz der Arten oder Spielarten wie der Rollen ankommt. Niemals tritt die Rolle in einen Widerspruch zur Art noch das Wesen zur Haltung. Phädrus I, 11 zeigte dies deutlich genug: dieser alte Esel, indem er so eitel vor dem Löwen seine Stimme und ihre furchtbare Wirkung anpreist, verläßt und verleugnet nicht seine »Eselheit«, sondern erfüllt und bewährt sie gerade, wenn auch kläglich. Dafür ist er eben Esel. Hätte er geschwiegen und sich bescheidentlich getrollt, so hätte er nicht eselhaft gehandelt, wäre er kein Esel gewesen, jedenfalls kein Fabel-Esel. In der Fabel von Lessing aber tritt derselbe Esel (wenn es noch derselbe wäre!) durch seine Höflingsrolle in Widerspruch zu seiner Esel-Art, sein Betragen verleugnet sein Wesen – so ist jedenfalls die Meinung. Versucht man, die Lessingsche Absicht umgekehrt in Figuren nach dem einfachen Sinn der alten Fabel zu übersetzen, so müßte – ich sagte es schon einmal –

notwendig einer der beiden Esel verwandelt werden: läßt man es bei dem Ensemble des Phädrus, so muß in Gottes Namen der begegnende Bekannte seiner Rolle wegen mindestens zum Maulesel, wo nicht zum Kalb oder Schwein (was immerhin eine Stallbekanntschaft sein könnte) sich erniedrigen. Dieses Wesen könnte aber nicht »Bruder« sagen und schon gar nicht die Fanfare der Solidarität blasen. Zweck, Hergang und Pointe verwirren sich alsbald – mit einem Wort: das Problem der Gleichheit oder besser, die Gleichheit als Problem wie als Postulat ist mit den Mitteln und Figuren der alten Fabel schlechterdings nicht darzustellen.

Worin besteht nun aber das Postulat eigentlich? Was verlangt dieser schlichte Esel mit seiner mannhaften, aber auch vulgär aufbegehrenden Sprache von dem aufgeblasenen Löwen-Esel? Oder: was fordert der Bürger vom Höfling (denn auf diesen Gegensatz, der übrigens unsere ganze frühklassische Literatur durchzieht, läuft die Differenz der beiden Esel hinaus)? Er fordert mit Logik und einem gewissen Anstand, aber doch auch trotzig und mit »Stirn« – was für eine treffende Metapher übrigens! –, daß dieser über seiner (zweifelhaften) Rolle seine Art nicht vergesse, daß er, obwohl Höfling, doch auch Mensch sei und sich gegen seinesgleichen, seien sie auch niederen Standes, menschlich betrage. Die Asinität steht hier für die Humanität, die Eselheit für die Menschheit und Menschlichkeit, und es ist allerdings nicht zu leugnen, daß dieses Fabelgleichnis etwas Fatales für den Menschen und die Humanität hat. Den witzigen Autor hat dies offenbar nicht gestört. Es ist, als ob sich hier die antike Erbschaft, nämlich die von Phädrus übernommene Figur des Esels, gegen die moderne Absicht kehrte, indem der selbstbewußte Bürger am Ende doch auch ein Esel bleibt, ja auf seine Eselheit pocht, und indem er derart seine Meinung durch seine Natur zu desavouieren in Gefahr ist. Kaum ist die Gleichheit ein Problem und ein Postulat geworden, gerät sie derart auch schon ins Zwielicht – mindestens insoweit, als sie durch die Fabel demonstriert werden soll. Der Höfling muß freilich ein Esel sein, dumm anmaßend und in seiner Eitelkeit sich selbst verkennend – der Höfling freilich, da ihn die Fabel treffen soll; aber auch der Bürger, der doch das natürliche Recht und Wesen vertritt? Wiederum muß er's indessen, da es ja andernfalls um die Gleichheit geschehen wäre.

Was soll's also: ist der Höfling ein Mensch, so kann man ihn eigentlich nicht gut einen Esel heißen, so müßte er vielmehr im Guten aus seiner bloßen Einbildung herausgeholt und für die Bürgerschaft gewonnen werden (erstes Stadium der Revolution: Nationalversammlung, Verfassung, Abschaffung des Adels); ist er aber kein Mensch, sondern ein unverbesserlicher Esel, so lohnt's nicht, ihn über seine Natur aufzuklären, so müßte er vielmehr im Bösen ausgestoßen werden (zweites Stadium der Revolution: Gesetzgebende Versammlung, Schreckensherrschaft, Septembermorde). Beides liegt hier im Keim ineinander, aber unentschieden, eben im Zwielicht. Wie denn auch jene Replik des bürgerlichen Esels – »Bist du deswegen, weil du mit einem Löwen gehst, besser als ich? Mehr als ein Esel?« – zwischen aufklärender und aufständischer Tonart eine bedenkliche Mitte hält: man weiß nicht recht, ob es sanft oder schrill klingt, ob der Sprecher den Kopf bloß verwundert schüttelt oder aber drohend aufwirft. Immerhin war der erste, naive Versuch der Fraternisierung – »Guten Tag, mein Bruder« – gründlich fehlgeschlagen, dies ist nun der zweite, noch nicht ohne Hoffnung, aber doch schon von ferne grollend. Der Löwe freilich bleibt ganz aus dem Spiel – die Fabel ist 1753 zuerst veröffentlicht worden, vierzig Jahre vor der Hinrichtung Ludwigs des Sechzehnten. Der Löwe ist noch unbestrittenes altes Fabelwesen, verharrt in der Identität von Rolle und Art, Stand, Macht und Wesen: dafür bleibt er auch im Hintergrund, er ist da, aber er handelt nicht – wie ein konstitutioneller König. Die Woge leckt bis an die Stufen des Throns, nicht weiter.

Wäre die Fabel radikal, so müßte schließlich auch der Löwe noch zum Esel werden ... aber dann löste sie allerdings endgültig sich selbst auf, dann fiele die Differenz der Gleichen, ob sie auch bloß in der Einbildung zu existieren schien, in sich zusammen, dann bedürfte es gar keiner Fabelfigur und keiner Tierlarve mehr (welche sich ja hier, bei Lessing, schon bedenklich lüftet, da jener zweite oder bürgerliche Esel am Ende doch sein Menschenantlitz zeigt), dann träten eben die Menschen aus den abgeworfenen Masken hervor, die Fabel hörte auf und es begänne: das Drama. Wie ja in der Tat bei Lessing die Fabel historisch in den letzten Zügen liegt und zugleich das bürgerliche Drama anhebt, das wir das klassische nennen. Immerhin verdient es bei dieser Gelegenheit angemerkt zu werden, daß die zentrale menschlich-unmenschliche Figur des Höflings auch im Drama noch und bis in Schiller hinein einen Rest vom Fabeltier bewahrt hat, zwar nichts vom Esel, aber vom Wurm (Sekretarius) und vom Kalb (Hofmarschall); der Name ist stets ein Element der Physiognomie. Und daß vollends im »Taucher«, welcher die Situation des Bürgers bei Hofe gleichsam in einer Alptraumvision durchblicken läßt – »Unter Larven die einzig fühlende Brust« – (wenn anders man diese Deutung annehmen will), die Höflinge, aber nur sie allein, sich wieder zu veritablen und gefährlichen Fabelwesen verlarvt, verschalt, verschuppt und verkrustet haben: der stachliche Rochen, der Klippenfisch und des Hammers greuliche Ungestalt. Dies nur beiläufig.

In unserer Fabel von Lessing steht der Löwe im Hintergrund, die beiden Esel sind die Akteure. Der Appell, mit dem ihr kurzer Wortwechsel schließt, ist zweideutig. Er ist es aber nicht nur darum, weil er noch gewinnend und schon abweisend zugleich sich anhört, nicht nur wegen des Tons, sondern auch wegen des Zweckes. Setzen wir nämlich den Fall, der höfische (aber freilich höfliche) Esel zeigte sich der Aufklärung zugänglich, die ihm da zuteil wird – wie soll sie enden? Wird er die Rolle des Löwenbegleiters weiter spielen können, obgleich er nun eingesehen hat, daß er »nichts Besseres« ist als ein Esel? Kann er seinen »Stand« bewahren, wenn er die »Privilegien« aufgibt? Was ist aber ein Stand ohne Privilegien? Stand mag meinetwegen Stand bleiben, aber der Mensch muß in jedem Falle Mensch sein und sich als Mensch bekennen – das ist hier offenbar die Meinung. Eine vorrevolutionäre, eine noch unentschiedne Meinung. Aber wie soll entschieden werden?

Die Fabel von Lessing enthält schon eine Captatio benevolentiae oder vielmehr malevolentiae insofern, als der Löwenbegleiter eigentlich ein Parvenü ist und kein Herr von Stand und Geburt. Von Geburt ist er eben wirklich nur ein Esel, und man sieht ihm das an, obgleich er's verleugnen möchte. Da der Löwe Löwe geblieben ist, gewinnt die Asinität den Charakter einer Klasse. Der Parvenü wird hier zur Klassendisziplin zurückgerufen – das ist buchstäblich der Vorgang. Der Aristokrat von Geblüt kommt, vom Löwen abgesehen, in dem Ensemble gar nicht vor, kann auch gar nicht vorkommen, denn das müßte ja ein andres Wesen sein und gerade nicht ein Esel. Er ist aber zweifellos auch gemeint, er muß sich's ebenso anhören wie der Parvenü. Der Löwen-Esel kann bestenfalls ein geadelter Beamter in fürstlichen Diensten sein, ein Hofbeamter in der Stellung des Jägerhorns. Denn es gibt hier, genau besehen, überhaupt nur noch einen einzigen »Stand«, den des Löwen, und außerdem den Tiers-état oder die Klasse der gleichen Esel. Der Adel aber gilt insgeheim schon als abgeschafft, bevor noch die Revolution begonnen hat. Diese Captatio läßt also den Mann, der dem Throne nahesteht, von vornherein als einen Arrivierten erscheinen, den nicht einmal der »Zufall« der Geburt auszeichnet, denn er ist als Esel geboren wie jeder andre Esel auch. Seine Stellung – nicht seinen Stand – verdankt er ausschließlich der Tatsache, daß er (seiner Stimme wegen) dem Löwen-Fürsten nützlich ist, welcher Umstand freilich auch wiederum seiner natürlichen Gabe und daraus folgenden Leistung zugeschrieben werden kann. Wenn die Dinge wirklich so zusammenhängen, wenn dieser Esel seine Gabe für ein Vorrecht und seine Stellung für einen Stand hält, dann ist allerdings sein falsches Bewußtsein zu tadeln, sein unbrüderliches Betragen und sein Dünkel zu verurteilen. Denn genau dieses moralisch-soziale Phänomen des *Dünkels* ist es, was in Lessings Fabel polemisch festgehalten wird. Wenn man sie nämlich buchstäblich nimmt.

Insoweit fällt die Entscheidung leicht: wir entscheiden uns gegen den Dünkel. Aber dieselbe Fabel, wie sie sich jetzt expliziert hat, macht auch vollkommen deutlich, daß dieses Phänomen des Dünkels erst auftritt nicht nur mit der Konzeption der Gleichheit, nicht nur mit der Leugnung der Stände und der (stillschweigenden) Abschaffung des Adels, sondern vor allem mit der Möglichkeit und Wirklichkeit des Aufstiegs. Dieser Esel ist auf Grund seiner Talente aufgestiegen, oben angelangt (parvenu) oder angekommen (arrivé). Aufgestiegen zu einer »Stellung« oder zu einem sozialen Ort, der als solcher vorgegeben ist und an dem zuvor ein andrer gestanden hat (daher: Stand), ein andrer und eben kein Esel. Diese andre *Art* haftet dem Ort oder der Stelle noch an, und dies eben ist es, was den Aufstieg als solchen so problematisch macht. Am andren Ort muß der Aufsteigende auch selbst ein andrer werden, andre Fähigkeiten entwickeln, andre Formen annehmen, andre Tugenden und andre Laster üben. Er ist hier nicht unter Eseln, er befindet sich im Milieu des Löwen. Es ist Schwäche, wenn er sich bloß anpaßt, aber es ist unvermeidlich, daß er sich wandelt, denn er hat ein Amt auszuüben, eine Stellung auszufüllen, er muß seiner Rolle gewachsen sein. Er muß sich wandeln, aber er muß sich freilich nicht verleugnen. Der Arrivierte, weil er nicht von Stand ist, hat einen schweren Stand. Hat er sich aber gewandelt oder gebildet – worauf er sich aber nichts einbilden darf, sonst ist die Wandlung unvollkommen –, so ist er nicht mehr derselbe, ist er seinem »Bruder« nicht mehr gleich. Daß er ihm nun den Gruß verweigert, ihn zu übersehen versucht, ihn darum gar einen Unverschämten schilt und ihn verachtet – das alles kann darum noch nicht gerechtfertigt werden, aber das sind auch wiederum nur die Eierschalen, die ihm noch anhaften, es sind die Zeichen, daß er seine Rolle noch gar nicht perfekt zu spielen versteht. Sonst würde er ja nicht derart aus der Rolle fallen. Denken wir hier kasuistisch weiter und nehmen wir an, er bildete sich weiter aus, vervollkommnete sich in der Wandlung, würde wirklich vornehm, so könnte ihm dergleichen nicht mehr passieren. Er wüßte sich zu benehmen, auch gegen Geringe, auch gegen frühere Bekannte. Er gewänne Lebensart, Standesart, Autorität. (Es wird dann allerdings auch fraglich, ob ihn der entgegenkommende Esel seiner

Bekanntschaft noch als »Bruder« begrüßte.) Er betrüge sich gegen seinesgleichen, als ob er ihnen gleich wäre, und zwar gerade deswegen, weil er ihnen endgültig nicht mehr gleicht, weil er verwandelt ist. Nur der Parvenü, das ist der Unfertige, zeigt Dünkel, weswegen Dünkel oder Einbildung in einer nichts als ständisch geordneten Gesellschaft gar nicht vorkommt. Der Verdacht des Dünkels freilich, von unten herauf geäußert oder schlimm gefühlt – der Verdacht scheint übrigens verbreiteter als der Dünkel selbst –, beginnt erst dann gefährlich zu schwelen, wenn sich der schlichte Esel mit dem Löwen-Esel zu vergleichen unternimmt. Wenn die andere Stellung (»mit dem Löwen«) nicht aus anderer Art begriffen, sondern durch den schieren und groben Komparativ bezeichnet wird: »Bist du deswegen besser als ich? Mehr als ein Esel?« Da nun aber im Falle unserer Fabel der Esel, der mit dem Löwen geht, leider immer noch ein Esel ist, nämlich sich noch nicht genug verwandelt hat, kann er hierauf auch nicht mehr antworten, jedenfalls nicht mit »Nein«, wie ihm doch zu wünschen wäre. Nein, ich bin nicht mehr als ein Esel, sondern anders als ein Esel – so müßte er antworten können. Dann läge alles anders, dann könnten und müßten wir uns moralisch gegen den schlichten Esel und seinen unpassenden, subalternen Komparativ entscheiden.

Wie ist dieses Pro und Contra zu entwirren? Wie die Gleichheit der Art, der Menschenart (humanitas) mit der Differenz der Stände oder Rollen zu vereinen? Das ist hier die Frage. Aufstieg schafft Parvenüs, Parvenüs zeigen Dünkel, Dünkel fordert zur Vergleichung heraus, Vergleichung zerstört. Anerkennung andrerseits – Anerkennung, die wechselweise im Tauschverfahren von den einen erwartet, von den andern gezollt wird –, Anerkennung ist nur wie

Leim, womit man Scherben aneinander klebt. Wir wollen aber nicht Scherben, sondern ein Ganzes, eine Ordnung. Dort, bei Lessing, zeigte sich das Bestreben an, in der sozialen Differenz die Gleichheit durchzusetzen. (Der Parvenü war ein schiefes Beispiel der Differenz, der Komparativ oder die Vergleichung ein fatales Mittel, an die Gleichheit zu erinnern). *Jetzt* kommt es darauf an, im Medium der Gleichheit die soziale Differenz zu rekonstruieren, aber richtig und mit Autorität. Wichtig ist, in wessen Auftrag ein Amt verwaltet wird – das Jägerhorn des Löwen zu spielen, ist eine unwürdige Rolle, denn der jagt nur zu seinem Profit. Nur der menschliche Auftrag und Dienst kann neue Stände gründen. Aber das ist eine praktische Aufgabe, keine literarische mehr.

KAMPF DER LIEBENDEN
Über Kleists »Penthesilea«

Kleists »Penthesilea« wird gemeinhin sowohl von den Lite-
raturkundigen als auch vom Theaterpublikum mit Gefühlen
angeschaut und angehört, die aus Achtung und Grauen gemischt sind. An Grauenhaftem fehlt es in der Tat nicht in
diesem Stück, und die Achtung schuldet man dem Dichter.
Insofern haben jene Gefühle guten Grund. Wie aber kommt
es, daß die Begebenheiten vor aufgerissenen Augen so
fremd vorüberziehen, daß die Figuren, die Griechen und
die Amazonen, der strahlende Peleide und die rasende oder
auch schmelzende Königin des Frauenstaats, keine unmit-
telbare Teilnahme wecken, daß die Furcht kaum von Mitleid gesänftigt und aufgewogen wird? Ist es die Heftigkeit
der Sprache, die uns so sehr bestürzt? Das Ungezähmte dieser Leidenschaften, was uns Gezähmten den Zugang sperrt,
was viele insgeheim sogar beleidigt?

*

Die Fabel ist, bei Licht besehen, nicht so seltsam und auch
gar nicht so vorzeitlich, wie sie zuerst erscheinen mag.
Achill ist ein Mann, Penthesilea eine Frau, eine Jungfrau
vielmehr. Dieser Mann und diese Frau führen Krieg wider-
einander. Und lieben einander. »Sag ihr, daß ich sie liebe!«
fordert Achill, sozusagen ganz normal, und auf die er-
staunte Frage der Mittlerin dieser Botschaft: »Beim Himmel, wie!? Wie Männer Weiber lieben.« Also erst recht ganz
normal und durchaus verständlich – so empfindet er selbst
und besteht darauf. Wie Männer Weiber lieben: der Plural
bürgt für die Verständlichkeit, ja mit ihm begibt sich der

Sprecher sogar jener lyrischen Einzigkeit, die sonst im Leben der poetischen Figuren wie freilich auch in der Poesie der lebendigen das Gefühl und vertraute Bekenntnis der Liebe kennzeichnet. Er banalisiert sich. Er tritt gleichsam in die Reihe der Kollegen, anstatt, wie man von Liebenden sonst gewohnt ist, gerade aus ihr herauszutreten. Aber Achill ist auch kein Knabe mehr, es ist nicht das erstemal, daß er liebt. Er hat hier in der Tat Züge von einem erfahrenen Liebhaber, von einem Routinier. Von solchen Männern hört man auch heute häufig sagen, sie machten Eroberungen, und diese Metapher läßt noch in dem leichthin verständnisinnigen, spielenden, modernen Gebrauch einen gefährlicheren buchstäblichen Sinn, das gesellschaftliche Spiel der Liebe, den alten Kampf der Liebe, durchscheinen. Dieser gefährlichere buchstäbliche Sinn, dieser alte Kampf der Geschlechter in der Liebe ist der Gegenstand des Kleistschen Dramas. Denn die »Penthesilea« ist kein Salonstück, sondern ein Trauerspiel. Diese Unterscheidung mag platt anmuten, aber indem das Trauerspiel vom Salonstück unterschieden wird, treten beide Spielformen zugleich auch in Beziehung miteinander. Es ist nicht allein die Figur des Eroberers und die Kategorie der erotischen Eroberung, welche in beiden gleichermaßen vorkommt, indem sie hier ihre leichte, in der Konvention gezähmte, bloß noch vergnügliche und metaphorische Seite, dort aber ihren düsteren archaischen Untergrund zeigt. Vielmehr hat auch der »Krieg« selber – als Liebeskrieg, Weiberkrieg, Ehekrieg – sein zahmes Nachleben in der Sphäre der Lustspiele, der tausendfältig wiedergekäuten Witze, der lässig abgebrühten Weiberhelden. Im Grunde freilich ist dieser Krieg auch heute nicht bequemer geworden, wenn er auch nicht so buchstäblich, mit Waffen und Hetzhunden, auf Tod und Leben geführt wird wie dort zwischen dem in jedem Sinne sieggewohnten Eroberer Achill und der männerverzehrenden Penthesilea. Sie verzehrt den Mann – denn am Ende schlägt sie ihm in der Tat die eigenen Zähne ins menschliche Fleisch.

※

Dieser Eroberer soll seinerseits erobert werden. Nicht er hat sich die Jungfrau, die Jungfrau hat sich ihn erkoren, erwählt ihn im Gewühl – nicht des Tanzsaals, sondern der Schlacht: der Vorgang gleicht einer bewaffneten Damenwahl. Sie wählt, sie jagt, sie will gefangennehmen, besitzen, heimführen. Wer das Glück hat, führt den Bräutigam heim – so gilt es den Amazonen. »Der junge Nereidensohn ist mein!« jubelt sie, in der Täuschung befangen, sie hätte ihn und nicht er sie besiegt. Wer wählt, wer besitzt, wer führt heim – Mann oder Weib? – das ist hier die Frage. Wessen Wohnung gilt? – auch dieser alte, nie so ganz entschiedene Streit wird hier gründlich ausgetragen:

»Du willst mir nicht nach Themiscyra folgen?
Du willst mir nicht zu jenem Tempel folgen,
Der aus den fernen Eichenwipfeln ragt?«
So fleht sie, und er bestimmt:
»Nach Phthia, Königin!«
Wiederum sie, mit rührender Wiederholung, schon resignierender Beschwörung:
»Oh, nach Themiscyra!
Oh Freund, nach Themiscyra, sag' ich dir,
Wo Dianas Tempel aus den Eichen ragt!
Und wenn der Sel'gen Sitz in Phthia wäre,
Doch, doch, oh Freund, nach Themiscyra noch,
Wo Dianas Tempel aus den Wipfeln ragt!«
Da gibt es augenscheinlich kein Kompromiß, da stehen

zwei Gesetze, zwei Ansprüche, zwei unversöhnliche Forderungen einander entgegen, das zerrt und fleht und herrscht von beiden Seiten, die Positionen sind gleich, beide durch Satzung, Kult und Überlieferung gefestigt, kein Teil gibt nach, kann nachgeben, keiner ist der »Klügere« (von dem das Sprichwort erwartet, daß er es dennoch tue), Klugheit wäre hier Schwäche, auch Liebesschwäche: denn dieser unschlichtbare Streit vollzieht sich nicht jenseits oder unterhalb der Liebe, sondern gerade in ihr und nur durch sie. Nur weil sie einander so ausschließlich lieben und begehren – und was ist Begierde anderes als ein innerster, intimster Herrschaftswille! –, nur darum gibt es keine Versöhnung. Achills letzter Versuch, den Streit um Wohnstatt und Heimweg zu seinen Gunsten zu entscheiden – er scheitert dann durch den Wechsel des Kriegsglücks –, streift von fern an das Komische, und diese Momente, deren das Trauerspiel noch einige enthält, lassen gerade in der Verkehrung seinen Sinn und Untergrund am schärfsten sichtbar werden. Die Schlacht drängt heran, und indem er die Jungfrau vom Boden aufhebt, sich also anschickt, sie kurzerhand zu entführen, spricht er – mit gleichsam mondänherrischer Anrede – der Geraubten, ihres eignen Menschenwillens nun Beraubten, diesen Trost zu:

»So mußt du mir vergeben, Teuerste!
Ich bau' dir solchen Tempel bei mir auf!«

Das ist, fürs erste wenigstens, sein äußerstes Angebot, ein wenig leicht hingeworfen, ein Einfall, der fast prahlerisch klänge, wüßte man nicht, daß Achill ihn wahrzumachen vermag. Die Morgengabe eines naiven Kavaliers: ein Tempel heimischer Konfession. Ein richtig netter Gedanke, der jede Braut entzücken muß, wenn sie sich sonst nur der Männerherrschaft willig beugt und anvertraut. Gerade darum streift der Moment das Komische, weil solche Nettigkeit des großen Jungen den wahren Anspruch der »Teuersten« natürlich völlig verkennt, weil Penthesilea nicht mit einer Kopie abgespeist werden kann, nicht mit einem prächtigen Spielzeug in Gefangenschaft.

*

Von ferne komisch ist der Mann hier immer dann, wenn er gleichsam aus der archaischen Rolle fällt – oder besser: wenn er, dem archaischen Anspruch der Penthesilea sich entziehend, ihrem Herrschaftswillen nicht den seinigen in ebenbürtiger Wildheit entgegensetzt, sondern in eine gesellschaftliche Rolle fällt und diese, wenn auch nur flüchtig und freilich am Ende ohnmächtig, mit der sicheren Gewohnheit männlicher Erotik ausspielt. Denn »Penthesilea« ist zwar ein Trauerspiel und wahrhaftig kein Salonstück, aber ein Trauerspiel, das das Salonstück mit in sich enthält und schließlich unter sich begräbt. Der Eroberer kommt vor, der Routinier (»Wie Männer Weiber lieben!«), der Kavalier – und allemal heißt er Achill. So, wenn er, seines Charmes sicher, den Amazonen entgegengeht, die ihre Bogen spannen und auf ihn anlegen: »Ich kann's nicht glauben.« Nein, er kann's nicht glauben, daß Jungfrauen, Mädchen schießen sollen, und obendrein noch auf einen Mann, auf *den* Mann, den Götterliebling, den umschwärmten Helden. Ohne Waffen tritt er hin und winkt mit ritterlicher Gebärde. Er schmeichelt ihnen im Konversationston – fast möchte man sagen: er raspelt ein wenig Süßholz, aber aus ehrlichem Herzen:

> »Du mit den blauen Augen bist es nicht,
> Die mir die Doggen reißend schickt, noch du,
> Die mit der seidenweichen Locke prangt.«

Ihm sind eben auch die Amazonen nichts als Mädchen, und zwar hübsche Mädchen aus einer von Männern tätig gelenkten gesellschaftlichen Welt. Keineswegs rauhe Mannweiber, keineswegs virile Heldinnen. Die kriegerische Übung erscheint ihm widernatürlich, eine bloße spukhafte Verkleidung, ein kurioser Einfall, den er, der Mann, tritt er nur richtig auf, nämlich als Liebender und freilich auch als Kavalier (nicht bloß als rasselnder Feldherr), endlich doch verscheuchen könne.

Setzt man die Attribute zusammen, die Achill (wie die anderen Griechen) diesen Mädchen zuspricht, die seine Augen an ihnen erblicken, so ergibt sich ein durchaus modischer (wohl biedermeierlicher) erotischer Typ, ein süßes, zärtliches Klischee, das denn in der Tat mit dem Begriff der Amazone nur schwer zusammenzubringen ist: diese blauen Augen, diese seidenweichen Locken, diese (wieder und wieder beschworenen) kleinen Füße –

»Und ein Entwaffneter in jedem Sinne,
Leg' ich zu euren kleinen Füßen mich«
– und diese kleine Hände –

»Man sieht ... sie hastig
Die Stirn, von einer Lockenflut umwallt,
In ihre beiden kleinen Hände drücken«:

das alles sind Stücke (da die allgemeinen erotischen Wünsche allezeit nur Stücke, Teile des Körpers, ausgewählt oder kreiert haben, um sich daran zu heften, andere Teile des Bildes im vagen Dämmer belassend) – dies hier also sind Stücke nicht eines wilden, nicht eines vorzeitlichen, heroischen, nicht einmal eines hehren Frauenbilds, sondern eines niedlichen Mädchenbildes. Es entstammt moderner Männerkonvention und einer gesellschaftlichen Sphäre, worin die Frau durchaus gezähmt (im physischen Sinn), »verkleinert« erscheint, ja diese Mädchen sind geradezu vom Mann erschaffen, nach seinem Herren- und Besitzerwunsch geprägt. Und daß so niedliche Wesen zu reiten und zu fahren, den Speer zu werfen und mit Pfeilen zu schießen beginnen, daß sie Doggen und Elefanten aussenden, daß auch die noble Kavaliersgeste des waffenlosen Achill bei ihnen kaum mehr als eine flüchtige Unsicherheit bewirkt – das alles kann man allerdings nicht glauben. Und dennoch ist es so. Denn gerade diese kleinen Hände sind es, die selber wählen und besitzen wollen, obgleich sie zu nichts als zum Kosen geschaffen scheinen. Gerade sie. Man darf – um für einen Augenblick vom Dichter zu reden – es Kleist nicht etwa als einen Lapsus oder eine zufällige Befangenheit im Zeitgeschmack ankreiden, daß er den Amazonen nicht die Maße und Gestalt einer balladenhaften Vorzeit gab, im Gegenteil: würde man dieses Element des »Zeitgeschmacks« ausradieren, würde man struppige und harthäutige Riesinnen auftreten lassen, so käme das Stück nicht bloß um die Glaubwürdigkeit der Handlung (Penthesilea muß ja immerhin liebenswert bleiben), sondern auch um sein innerstes Thema – den Kampf um die Macht in der Liebe, die Selbsttäuschung des Mannes, der für »weibliche Natur« hält, was nur sein eignes Wunschbild ist, und die fürchterliche, freilich am Ende selbstmörderische Rache der derart verkannten Jungfrau.

Denn eben jene (deplacierte) Kavaliersrolle ist es, die den Achill ins Verderben stürzt. Nachdem die versuchte Entführung mißlungen ist und er im neu herandringenden Getümmel die Gefangene hat fahren lassen, faßt er, noch immer verblendet, den Plan, sich ihr nun wirklich seinerseits gefangen zu geben: verblendet, denn auch die äußerste, die großherzigste Galanterie bleibt doch, was sie ist, das

Scheingefecht vermag den Kampf nie zu ersetzen, die freiwillige Unterwerfung auf Zeit das Raubgelüst, den Anspruch der Überwinderin nie zu befriedigen. Man hört den Achill im Gespräch unter Kameraden (dem Diomedes gegenüber) seine wahre Meinung äußern – der Ton ist nicht einmal sehr respektvoll, geschweige tragisch:

»Doch eine Grille, die ihr heilig,
Will, daß ich ihrem Schwert im Kampf erliege;
Eh nicht in Liebe kann sie mich umfangen.«

Er tut ihr – salopp gesprochen (und er spricht ja selbst hier salopp) –, er tut ihr den Gefallen, weil er nun einmal anders nicht zum Ziele kommt. Zu *seinem* Ziele, noch immer. »Auf einen Mond bloß will ich ihr in dem, was sie begehrt, zu Willen sein.« Er steht im Begriff, dem Trieb mit wenn auch liebenswürdiger Diplomatie zu begegnen. Nicht von fern begreift er die äußerste Gefahr, in die er sich begibt, ahnt er die veritable Furie, die in der Grazie steckt. Mit der Harmlosigkeit des Zivilisierten, nobel und spielerisch, im Glauben, die Partnerin des Spiels zu finden, geht er der Herausgeforderten entgegen, einen ganz leisen Zweifel, der ihm auf die Nachricht von den Hunden und den Elefanten auftaucht, rasch unterdrückend:

»Die fressen aus der Hand, wahrscheinlich – Folgt mir!
Oh, die sind zahm wie sie.«

Aber nicht die Hunde sind zahm wie ihre Herrin, sondern die Herrin ist wild wie ihre Hunde. Und der zahme Achill kommt schrecklich um in der Gefahr der Liebe. Das Abenteuer verkehrt sich grauenvoll, und ganz unheldisch wird der Wehrlose zerfleischt, zerfetzt, verstümmelt – ein anderer Dionysos, aber ohne Wiederkehr.

»Penthesilea! Meine Braut! Was tust du?
Ist dies das Rosenfest, das du versprachst?«

Sie war keineswegs immer so wild, so rasend – wie Achill keineswegs immer so zahm war. Von ihr heißt es (und nach der Tat erst wird dieses Bild entworfen), daß sie sittsam war, geschickt in weiblichen Handarbeiten, daß sie reizend sang und tanzte, daß sie kein Tier zu kränken vermochte: ein heiteres, gefühlvolles, anmutiges Mädchen also, der bürgerlichen Idylle zugehörig und gar nicht amazonenhaft – wie sie doch sein müßte, wenn man die Sache mythologisch oder gleichsam ethnographisch betrachten wollte. Aber so will sie eben nicht betrachtet sein: Penthesilea ist nicht als ein menschliches Monstre der Vorzeit gedacht, sondern als radikales Modell des Ewig-Weiblichen in einem anderen als dem Goetheschen Sinn, des Gegenwärtig-Irdischen. Aber man kann ihre Figur in Wahrheit nicht für sich begreifen: die Dialektik der Liebe selbst ist hier das Thema, welche das sittsame Mädchen zur Mänade, den unverwundbaren Helden zum wehrlosen, überall verwundbaren Jagdwild (»gleich einem jungen Reh«) verkehrt. Die lebenweckenden Küsse in tödliche Bisse unversehens umschlagen läßt:

»– So war es ein Versehen. Küsse, Bisse,
Das reimt sich, und wer recht von Herzen liebt,
Kann schon das Eine für das Andere greifen.«

Das ist im Wahn gesprochen, in einem herzzerreißenden Kinderton. Das Versehen, die Verwechslung wohnt nicht bloß den Worten inne, sondern den Lippen selbst, die sich derart unheilvoll »versprochen« haben: derselbe Mund ist's, der zur Wonne wie zum vernichtenden Schmerz, dieselbe Hand, die zur Liebkosung wie zum Morde dient. Das ist der begreiflich-unbegreifliche, der bekannteste und unheimlichste Sinn des ganzen Trauerspiels. Am Ende erst, im Unheil endlich, endlich sänftigt sich der offene Aufruhr der

Frau, der Liebenden, wandelt sich ihr Machtwille in Hingabe, nicht eher. Nun heißt's:

> »Ich sage vom Gesetz der Frau'n mich los
> Und folge diesem Jüngling hier« –

aber nicht mehr nach Phthia, zu seinem Hause, sondern zum Hades, ins Nichts. Zuvor war alle Hingabe nur Täuschung oder, buchstäblich, nur in der Täuschung möglich, in der Illusion nämlich, dieser Jüngling sei ihr Gefangener, ihr Besitz. Eine schreckliche Einsicht, da wir doch gemeinhin nur diese eine Hälfte, nur die Hingabe für das Wesen der Liebe halten und die andere, den Besitz, die Macht von ihrer Definition auszuschließen uns gewöhnt haben. Kleists »Penthesilea« demonstriert den Fall von vorn und bis zum Ende: daß der *Contrat social*, der Gesellschaftsvertrag der Geschlechter gebrochen oder vielmehr noch nicht abgeschlossen ist. Daß die grundlegende Unterscheidung einer patriarchalischen, einer »Rittersitte« (wie Penthesilea selber konzediert), die Unterscheidung nämlich zwischen faktisch-politischem und erotischem Machtverhältnis, diese feine Zerlegung, die Achill ausspricht –

> »Zwar durch die Macht der Liebe bin ich dein
> Und ewig diese Bande trag' ich fort;
> Doch durch der Waffen Glück gehörst du mir,
> Bist mir zu Füßen, Treffliche, gesunken« –

daß dieser Unterscheidung und dem Paktvorschlag, den sie enthält, radikal widersprochen wird, und zwar durch die Tat. Daß die fremde Braut dem zivilisierten Doppelsinn von Eigentum und Gefangenschaft sich sperrt, daß sie nur einen einzigen und ganzen Sinn kennt und gelten läßt, keinen Unterschied zwischen einem brutalen und einem »schöneren«, wie ihn der Mann zu seiner Sicherheit und seinem Glück statuiert – wie denn Achill seine Gefangenschaft auslegt: ich bin gefangen, das gibt er zu, doch nur

>In jenem schönern Sinn, erhabene Königin!
Gewillt, mein ganzes Leben fürderhin
In deiner Blicke Fesseln zu verflattern.«

Diese elegante Differenz, die allerdings das unerläßliche, wenn auch in praxi durchaus nicht immer unbestritten gültige Prinzip unserer männlich geleiteten Gesellschaft und Kultur bildet, verfängt nicht bei der Amazone. Insofern bildet ihr Fall in der Tat einen Grenzfall und muß er pathologisch erscheinen, bezogen auf unsere erotisch-soziale Normalität, auch auf diejenige des Achilles selbst. Die Jägerin, das Kind Dianens, ist nicht so leicht, mit der Metapher, für den Verlust der Herrschaft zu entschädigen. Sie fühlt zwar die Schönheit jenes schönern Sinns, doch nur für Augenblicke holden Selbstbetrugs. Dann jagt sie wieder, mit den Hunden. Und erst dem Vernichteten, Zerfleischten gibt sie sich willig hin, mit Blut wird endlich der Vertrag der Geschlechter geschlossen, mit Menschenopfern: ohne Waffe tötet sie sich, allein mit dem vergifteten Stahl der Reue – ein unerhörtes Gleichnis der Hoffnungslosigkeit, des unwiederbringlichen Verlustes, dem nicht einmal Tränen mehr genügen können. »Ach, diese blut'gen Rosen!«

Es ist merkwürdig, daß die *Ehe* in neuerer Zeit so überaus selten zum literarischen Gegenstand gemacht worden ist. Die Wege der suchenden Liebe und der Zwielichtschein der »Freiheit« des Ehebruchs sind tausendfach in düsteren oder heiteren Farben gemalt worden. Aber die Ehe selber, dies Gestrüpp des tagtäglichen Zusammenlebens *eines* Mannes mit *einer* Frau und einer Frau mit einem Manne – wie wenige Beispiele gibt es davon! Wie wenige selbst in der neuesten Literatur! Obwohl doch die Romanciers etwa längst darauf verzichtet haben, nur das Außerordentliche zum Vorwurf zu nehmen. Mögen eilfertige Skeptiker auch einwenden, daß daran gar nichts Merkwürdiges zu finden sei deswegen, weil die Ehe weder etwas Romanhaftes noch etwas Dramatisches in sich habe und man somit nicht einmal in Prosa mit ihr Figur machen könne – ihnen ist bald geantwortet, es gibt nichts Menschliches, das so banal wäre, daß sich darin nicht, sieht man erst näher zu, die ganze Phantastik der Ängste und Hoffnungen wiederfinden ließe. Gerade im Gewohntesten stecken die größten Rätsel.

Überdies gibt es eben doch einige, wenn auch wenige Beispiele, und sie sind, weil das Thema so alltäglich scheint, durchweg bedeutend. (Von zeitgenössischen Romanciers haben Ernest Hemingway, Max René Hesse, auch Julien Green Versuche unternommen, in dieses Innerste des Alltags einzudringen.) Und wäre an Henrik Ibsens »*Nora*« nur dies eine bemerkenswert, daß sie das Eheleben zum Vorwurf hat, – das Stück wäre schon dadurch, indem es uns alle auf diesen Gegenstand entschieden aufmerksam macht, für die Gegenwart gerettet.

Genau genommen ist freilich nicht die Ehe oder eine Ehe der Gegenstand der »Nora«, sondern das *Problem* der Ehe oder eine problematische Ehe. Wie denn überhaupt Ibsens sogenannte Gesellschaftsdramen durchweg weder mit eigentlich tragischen Untergängen noch mit Versöhnungen enden, sondern (vielleicht mit einziger Ausnahme der einzigen »Wildente«) mit offenen Problemen. Mit dem kahlen grauen Himmel einer Wahrheit, die noch nicht Gestalt gefunden hat, – nachdem die »Lebenslügen« entlarvt sind und die Institutionen, moralischen Grundsätze und alles, was die Dauerhaftigkeit der »Gesellschaft« zuvor zu verbürgen schien, umherliegt wie der abgefallene Plunder festlicher Nächte im nüchternen Schein der Morgendämmerung. Der Entschluß zur Lösung der menschlichen, hier der ehelichen Bindung bildet auch das Ende der »Nora«, die Abreise aus der Gesellschaft, hier aus der Ehe, die entblättert ist, die Abreise »mit dem Dampfschiff« (in wie vielen Ibsenschen Dramenschlüssen figuriert dieses Dampfschiff!) in eine Einsamkeit, die wie ein unbeschriebenes Blatt den beschriebenen der dramatischen Entwicklung folgt, – mit einem Wort: die *Abstraktion* schlechthin bildet das Ende. Jenes Dampfschiff ist das Requisit der Reform, der Erneuerung der menschlichen Verhältnisse, an deren Möglichkeit Ibsen fordernd glaubt. Er bezeugt diesen Glauben schon im Gang des Stückes selber dadurch, daß er Nora, die Puppe, überhaupt erwachen läßt, daß er sie die Rolle erkennen läßt, die sie selbst bis dahin im Hause oder vielmehr im »Heim« des liebenden, nämlich sich selbst liebenden Gatten Thorvald Helmer gespielt hat. Daß es zu dieser Aussprache kommt zwischen den beiden Gatten, in der diese selbe Nora, die verspielte, naschende, neckische, mit so vielen Kosenamen bedachte Puppe von vorher ihrem Gatten die Anklagerede hält darüber, daß er sie zu dem gemacht hat, was sie war:

>»Aber unser Heim ist nichts anderes als eine Spielstube gewesen. Hier bin ich Deine Puppenfrau gewesen, wie wiederum meine Puppen. Wenn Du mich nahmst und mit mir spieltest, so machte mir das gerade solchen Spaß wie es den Kindern Spaß machte, wenn ich sie nahm und mit ihnen spielte. *Das* ist unsere Ehe gewesen, Thorvald.«

Diesen Aschermittwoch falschen Eheglücks herbeizuführen, dient die ganze Intrige mit Noras Urkundenfälschung, die hier nachzuerzählen überflüssig ist. Sie allein hätte zu einer bürgerlichen Tragödie im Stile des achtzehnten Jahrhunderts führen können, wobei die verlorene bürgerliche Ehre, nachdem oder auch bevor sie an den Tag gekommen wäre, den Untergang der Schuldig-Unschuldigen durch Mord oder Selbstmord oder beides nach sich gezogen hätte. Hier geht es indessen gerade um die Forderung, daß auch die Ehre noch geopfert werde für die Treue, das heißt für den freiwilligen Einsatz des Gatten für den Gatten. Nora glaubte an das »Wunderbare«, daß, wenn ihr Vergehen mit Schimpf und Schande offenbar geworden wäre, ihr Thorvald »hervortreten« würde und sagen: »Ich bin der Schuldige.« »Aber« – erwidert dieser, nachdem sie ihm das klargemacht hat, »es opfert keiner seine Ehre denen, die er liebt!« Ebendies aber war die »ideale Forderung« nicht nur Noras, sondern zugleich Ibsens selber. Sie ist, wie man sieht, wesentlich an den Mann, den Ehemann gerichtet, und die Zerknirschung, in der dieser Thorvald Helmer zurückbleibt, während die erwachte Puppe das Dampfschiff besteigt, wünscht der Prediger der Erneuerung allen Ehemännern vorzudemonstrieren, die in derselben Weise gesündigt haben: die ihre Frau als ein Instrument der Eigenliebe, als ein entzückendes Spielzeug sich halten und bei der ersten Probe auf das Exempel lieber das Spielzeug wegwerfen als die eigenen eitlen Grundsätze revidieren wollen.

Sollen wir nun so undelikat sein und ausdrücklich hinzufügen, daß es auch heute wahrscheinlich noch »Puppenheime« in erheblicher Anzahl gibt? (Wenn wir es täten, so könnten wir uns die besondere Nuance dabei allerdings nicht versagen: daß das Verkleinern und Verniedlichen seit Ibsen – und vielleicht nicht ohne seine Schuld, wenn auch gewiß ohne seine Absicht – vielfach auch auf die Frauen übergegangen ist, wenn sie nämlich den Mann ihren »großen Jungen« nennen –, daß es also jetzt auch noch Puppenheime gibt, worin der Mann, und bisweilen sogar recht gern, die Puppe spielt.)

Aber freilich: das kann nicht heißen, daß »Nora« so, wie sie ist, »aktuell« wäre, sondern nur, daß ihr Thema von neuem ergriffen werden sollte. Denn das Dampfschiff, die Erneuerung aus dem bloßen Entschluß und aus der Tabula rasa der Einsamkeit hat zu keiner tieferen oder wahreren Gestalt der Ehe führen können. Allenfalls hat der Schluß der »Nora« den Anfang gemacht zu einer neuen *Rolle* der Ehefrau, eben derjenigen der erwachten Puppe, die, ganz leidenschaftslos, ja erschreckend unsinnig geworden, aus dem Krisentaumel der in südlicher, capresischer Maskerade – es ist das Kostüm von Noras höchster Angst – getanzten Tarantella hervorgegangen ist. Wir kennen diese neue Rolle unter den Namen entweder der »unverstandenen Frau« oder aber der »selbständigen Lebenskameradin«. – Eben diese dritte Nora also, die »in erster Linie Mensch sein« wollte, ist uns vielleicht am raschesten blaß geworden. Ihre erste geforderte Menschlichkeit erschöpfte sich darin, an »ernsten« Gesprächen beteiligt zu werden und sich über »Probleme« – der Moral, der Religion und dergleichen – klarwerden zu wollen: eine abstrakte Menschlichkeit ohne Liebe.

DIE KAMELIENDAME

>»So lang mein Auge Tränen weint,
so fließen sie für dich.«
(»La Traviata«, letzte Szene)

Ihr Zauber scheint unvergänglich, die Rührung, die sie hervorruft, unversiegbar, ihre strahlende und hinfällige Gestalt
selber unsterblich: es sind schon neunzig Jahre, seit Alexander Dumas, der Sohn, den Roman »La Dame aux camélias«
veröffentlichte (1848), und wenig später, am 2. Februar
1852, erschien sie zuerst auf der Bühne – neunzig Jahre, und
noch entringen sich wie je die schweren Seufzer den Herzen
der Zuschauer im Parkett und auf den Rängen nicht allein
der Komödienhäuser, sondern nun auch der Filmtheater,
noch lauschen die Hörer in der Oper voll namenloser Wehmut den verklingenden Kadenzen der Traviata, noch fließen
im stillen Dunkel unvermindert die lösenden, wohltuenden
Tränen, noch führen wir alle, wenngleich verschämt, die
Tücher und Tüchlein zum schluchzenden Munde. Eine außerordentliche Wirkung – sie ist durch keinen klassischen
Kanon legalisiert und dauert dennoch mächtig an – und ein
merkwürdig starkes, unbezwingliches Gefühl, gemischt aus
scheinhafter Liebe, Teilnahme, ja Mitleid und einem Begehren, das sich von allem Laster frei weiß, einer Sehnsucht, die
nie erfüllt wird außer in ihrem eigenen Schmerz. Sie welkt
vor unseren Augen und Sinnen stets dahin, diese Marie Du-
plessis oder Marguerite Gautier oder Violetta Valéry, als ein
Opfer ihrer Liebe, der Liebe überhaupt, und wir nehmen
dieses Opfer stets von neuem gerne an, seine Süßigkeit
macht uns schmelzen, und wir fühlen uns besser, seliger
werden.

Niemand hadert mit dem Schicksal, das ihr das Glück versagte, und es ist uns genug, davon Zeuge zu sein, daß Violetta in den Armen des Geliebten verscheidet. Marguerite Gautier – im Roman – stirbt allerdings ganz einsam; hier kommt Armand Duval zu spät zurück, um seine unwissende Härte zu bereuen; ihr Elend wird einzig durch den Brief seines Vaters gelindert, der zugleich Geld schickt, um ihre letzten Tage von der Grausamkeit des Pfändungsbeamten zu befreien. Aber auch dieses noch trübere Ende, welches auf der Bühne nicht konnte beibehalten werden, entbehrt nicht der Zeichen schmerzlicher Versöhnung, nicht des Balsams, der das zerrissene Herz des Lesers, des fühlenden Betrachters solcher Szenen mit Wehmut heilt. Denn eben jener Brief des ehrenwerten Vaters, der als Stellvertreter der ganzen tugendhaften bürgerlichen Welt hier vor dem Martyrium, das er selbst veranlaßt, seine Reverenz erweist, bezeugt ja die Versöhnung – »wenn mein Sohn hier wäre, hätte ich ihn zu Ihnen geschickt«, schreibt er der vormals so Verworfenen –, und die arme Sterbende nimmt ihn auch ganz so auf, als Labung und Rechtfertigung. »Halte deinen Vater stets in Ehren, Armand«, (so fügt sie ihrem Tagebuch hinzu), »er ist ein edler Mann, und es gibt wenige Menschen, die der Liebe und Hochschätzung so würdig sind wie er. Seine Zeilen haben mich mehr gestärkt als alle Arzneien meines Doktors.« Dies Testament besiegelt ihre Wandlung und ist bestimmt, den Verlust des Glückes aufzuwiegen, wenn es auch zugleich den Schmerz darüber erhöht, daß die Dulderin den Lohn nicht mehr empfangen und daß der Geliebte seinen grausamen Irrtum erst nach ihrem Ende erkennen kann.

Indem wir mit dem alten Duval oder Germont endlich alle Schranken der gesellschaftlichen Moral getrost mißachten dürfen im Anblick dieses Sterbelagers, weinen wir doch bis zum heutigen Tage dem Glücke nach, das hier versäumt wurde. Obwohl gerade das Opfer dieses Glückes der Preis war, um den diese *fille entretenue* die Achtung des ehrenwerten Vaters allein erkaufen konnte – des Vaters, der nichts zu bereuen braucht. So viel Leiden war nötig, um an den Tag zu bringen, daß auch ein solches Mädchen, eine Dienerin der Sinnlichkeit, edel und ein Mensch sein könne. (Sein *könne* – denn Dumas, der Autor, versichert mehrmals, daß die Geschichte Marguerites zweifellos eine Ausnahme sei.) Ein teurer Preis! Ein so junges, blühendes, schönes, bezauberndes, liebeerfülltes Leben: wahrlich Grund genug, um neunzig Jahre und länger darum zu weinen. Aber es ist damit auch mehr gewonnen als nur die reine Seele dieser einen »Ausnahme«. Denn die nie endende Trauer über solchen Ausgang, das Martyrium selber bildete den dunkel schimmernden Schein, welcher allen Reiz der »freien Liebe«, allen berückenden Leichtsinn des *demimonde*, alle Launenhaftigkeit der hier gebietenden Schönen, ja die Zerstreuung und Ausschweifung selbst, den Taumel der Bälle, Soupers, Theaterbesuche und Gelage – welcher all dies also nur durchwirkte und anders verklärte. Das Verbotene ward geweiht, wenn solch ein Herz in seiner Sphäre bluten konnte. Die Zerstreuung, der Luxus Violettas wird liebenswert, ja unendlich rührend, da sie ihr mögliches großes Gefühl darunter nur verbirgt, da sie, einmal hierhin geraten oder getrieben, in der Demut der Sünderin nicht mehr daran zu glauben wagt, daß einmal jemand selbstlos sie lieben könnte. Ihre zehrende Krankheit, die sie mit jeder üppigen Nacht verschlimmert, ist nichts anderes als der Ausdruck ihrer verhohlenen Schmerzen, ihrer unglücklichen Seele. Und jene liebliche und starke Stimme der Liebe, die in

Verdis erstem Akt von draußen erklingt, überredend, zurufend:

>»Liebe, ja Liebe, allmächtiges Gottesherz,
>Das die ganze – ja die ganze Welt bewegt«,

immer wieder von neuem unterbrochen durch Violettas beharrlich betäubendes Lied »von der Freude Blumenkränzen« – sie ist zugleich die Stimme ihres eigenen reinen Herzens, die sie vergeblich nur zu übertönen strebt.

Die Stimme siegte, aber Marguerite erfreute sich nicht lange dieses Sieges. Das neue Leben mit Armand, ohne Luxus, auf dem Lande, im seligen Frieden der von Empfindung neu durchwebten Schäferlandschaft, währte nur kurz. Es wurde beendet durch jene aller Welt bekannten Umstände, die Marguerite selber als zwingende Verhältnisse anerkannte. Es waren übrigens schon hier gar nicht so sehr die vernünftigen Argumente des ehrenwerten Vaters, die sie zum Aufbruch und zum schmerzvoll gespielten Verrat bewogen, als vielmehr ihre eigenen Gefühle der inneren Erhebung über ihren »verworfenen« Stand, das Bewußtsein, mit Achtung behandelt und, wenn auch als Opfer, aufgenommen zu sein in die Gemeinschaft der ehrenwerten Bürger: »Bei dem Gedanken«, – so schrieb sie in ihr Tagebuch – »daß dieser Mann, der die Zukunft seines Sohnes in meine Hand legte, einst seine Tochter bitten werde, mich in ihr Gebet einzuschließen, fühlte ich mich ganz umgewandelt und war stolz auf mich selbst … Diese neuen Gefühle brachten die Erinnerung an die glücklichen Tage zum Schweigen, die wir miteinander verlebt hatten.« Der keusche Vaterkuß, den sie selber von dem alten Manne erbittet, weiht sie zugleich zum Untergange. Die neue, heftigere Zerstreuung, in die sie sich nun stürzte, die wiederkehrende Krankheit, die ihre Schönheit endlich ganz verzehrte, sind nun für die tausendfachen

Leser, Hörer und Zuschauer dieses Leidens inmitten der Üppigkeit nur noch schmerzlich. Für den Freund aber, der nichts ahnt von dem furchtbaren Bündnis der Tugend, das hinter seinem Rücken geschlossen wurde, für ihn allein ist dies nur arger Rückfall und Verrat der Liebe, welcher ihn denn zu jenen Ausbrüchen der beleidigten Empfindung drängt, die uns stets wieder das Herz zerreißen, wenn wir im Theater ihre Zeugen sind. Armand wird, um sich zu rächen, ein gelehriger, ja übereifriger Schüler der reichen aristokratischen Kavaliere, welche in diesem Reiche der Halbwelt auf eine sonst so verächtliche Weise regieren: er spielt, gewinnt und demonstriert in der bekannten Skandalszene (die übrigens im Roman nicht vorkommt), was er von diesem Mädchen halte. Ein Gemälde der Leidenschaft immerhin, wenn auch der verblendeten. Wir alle, die wir zusehen, wissen, wie entsetzlich er irrt. Violetta aber schweigt und duldet. Und diese schlimmste Erniedrigung macht ihre Glorie vollkommen. Die Glorie der von nichts getrübten und durch nichts verwirrten Liebe.

»La Dame aux camélias« ist 1848 erschienen, im Jahre der bürgerlichen Erhebung. Armand Duval ist ein Bürger – sein Vater ist Steuereinnehmer in der Provinz –, und er steht einer vergehenden Welt aristokratischer Frivolität gegenüber, der er durch die Kraft des Gefühls ihre stärkste Waffe, das Geld, aus der Hand schlägt. Er befreit die Liebe aus den Ketten der Käuflichkeit (und dies ist auch ein Stück Revolution) und rettet – um den Preis des Glückes – ihren Glanz, rettet allen Zauber der Sinnlichkeit für die neue bürgerliche Welt. Denn sie war dessen sehr bedürftig: der ehrenvolle Name, die sparsame Wirtschaft, die Spiel und Verschwendung nicht dulden kann, Keuschheit und Sittenstrenge im Hause des Steuereinnehmers, die gesicherte Laufbahn des

Sohnes – diese Sphäre war provinziell; Paris und seine Freuden, »diese rauschende Wüste«, blieben das lockende Gegenbild, und die böse Schönheit des Lasters schien noch unbewältigt. »Hat dein heimatliches Land keinen Reiz für deinen Sinn?« – singt der alte Germont in der »Traviata«, und es hatte, für sich genommen, in der Tat keinen Reiz. Wiederum aber durfte der Triumph des reinen Gefühls über den lasziven Luxus der Pariser Kavaliere nicht den Namen, Stand, Ansehen und Karriere gefährden (dies ganz im Gegensatz zu dem Chevalier Des Grieux, welcher ein Jahrhundert zuvor der Grisette Manon Lescaut in die Verbannung gefolgt war – im Roman des Abbé Prévost). Darum mußte die Kameliendame sterben. Darum kam Armand zu spät, um seine Verblendung gutzumachen. Darum die Tränen, die noch heute fließen. Die schöne Marguerite ist es wert, daß sie vergossen werden.

WOHIN VERSCHWAND DIE TUGEND?
Einige Anmerkungen
zu einem Akademievortrage von Paul Valéry

Antoine de Montyon, ein Philanthrop des achtzehnten Jahrhunderts, stiftete einen Preis für tugendhafte Handlungen und für schriftstellerische Leistungen, welche die Moral fördern. Dieser Preis wird noch heute von der *Académie Française* verteilt, und bei einer solchen Preisverteilung – am 28. Dezember 1934 – hat der Schriftsteller Paul Valéry eine Rede gehalten, die in ihren Hauptteilen auch ins Deutsche übertragen wurde.

Eine Rede über die Tugend. Sie beginnt freilich sofort mit dem Satze: »Tugend, meine Herren, das Wort Tugend ist tot, oder mindestens stirbt es aus.« Und all die eigentümliche platonische Sorgfalt, deren ein französischer Denker fähig ist, um einen Begriff in gleichsam unirdischer Reinheit sowohl aufzuzeichnen als zu bewahren, vereinigt sich mit der souveränen Art, in der Historie oder in der Gegenwart gemachte Wahrnehmungen einzustreuen, ohne sich in ihnen zu verlieren, in dieser Rede zu einem sublimen Bilde jener Wortgeschichte, die so traurig endete. Es ist, als ob Paul Valéry die schon verblaßten Konturen des Begriffes »Tugend«, gerade indem er den Umständen seines Verschwindens nachforscht, noch einmal mit feinem, klarem Stifte nachzöge, wohl wissend, daß auch die erneuerte Zeichnung nicht eben lange sichtbar bleiben wird, aber zugleich mit der Empfindung einer gewissen artistischen Befriedigung.

*

Um zur Sache zu kommen, so ist die geschichtliche Beobachtung, die Paul Valéry hier vor seinen Zuhörern darlegt, in der Tat von der größten Bedeutung, allein schon in Hinsicht auf die Analyse der Geschichte im allgemeinen, nämlich als ein Beispiel eindringender, nicht bloß auf Bilderbögen bedachter Geschichtsschreibung: Valéry bemerkt selbst, daß der Gegenstand seiner Rede von der klassischen Geschichtsschreibung habe *übersehen* werden müssen, »weil sie sich gewöhnt hat, nur das unmittelbar Sichtbare zu sehen«; und er prägt die ausgezeichnete gleichnishafte Wendung von den verschiedenen »*Entwicklern*«, die der Geist besitze, um solche Beziehungen und Ereignisse ans Licht zu bringen, die auf den ersten Blick nicht sichtbar sind, obgleich gerade sie es sind, die eine Epoche am gründlichsten charakterisieren. Übrigens übertrifft ein solches Verfahren, das Unsichtbare, auch Unscheinbare zum Vorschein zu bringen, welches sich hinter dem Rücken der aufzählbaren historischen Begebenheiten, ja hinter dem Rücken auch des Bewußtseins, das eine Epoche von sich selber hat, verbirgt und das dennoch oder ebendarum mächtig wirkt – ein solches Verfahren übertrifft an Ergiebigkeit auch, wie mir scheint, das meiste, was bei uns als »Geistesgeschichte« die Grundantriebe der Zeitalter oder Stilperioden aufzudecken bemüht ist. Denn diese geistesgeschichtliche Betrachtung, wenngleich sie das Einzelne stets zu verknüpfen strebt, sieht doch immer nur auf die positiven Tatsachen und Dokumente, die sie vorfindet, um sie dann als Produkt eines einheitlichen »Geistes« zu »verstehen«, das heißt einem *schaffenden Subjekte* zuzuschreiben (dem »Geist der Gotik« etwa oder dem der Aufklärung), welcher zu den übrigen Geistern in die Reihe tritt und den gegenwärtigen Betrachter jeder weiteren und womöglich verbindlicheren Beschäftigung mit den Fakten enthebt. Lücken und Hohlräume etwa, Fehlendes und Nichtvorhandenes innerhalb eines betrachteten historischen Stoffes muß dieser »Geistesgeschichte« entgehen deswegen, weil sie von Anfang an leugnet, daß das Geschichtliche, also das Irdische und Menschliche, bruchstückhaft oder, wie Paulus sagt, »Stückwerk« sei, weil sie vielmehr im Gegenteil sicher zu sein meint, daß sie es bei den Epochen mit »Ganzheiten« zu tun habe. Von einer solchen Lücke aber redet gerade Valéry. Was er »entwickelt«, ist ein *Negativ*: das verschwundene Wort »Tugend«.

*

Aus dem allgemeinen Sprachgebrauch ist das Wort verschwunden (und, wie Paul Valéry mit Charme und Trauer hinzufügt, auch aus dem der Akademie), während es an zwei durchaus verschiedenen Orten noch vorkommt: im Religionsunterricht und in jener Unterwelt der Literatur, die man »Kolportage« nennt. Hier stehen in der Tat nicht Menschen einander gegenüber, sondern das Laster unterliegt nach kurzem Triumph der anfangs leidenden Tugend, die blütenweiß und unbefleckt hervorgeht. Freilich kämpft man darin nicht um der Ideen willen, sondern die Tugend erscheint ganz und gar »verkörpert«, meist in jenen engelreinen Mädchen, welche, hochgeboren oder aber ganz arm, der Bewährung kaum bedürfen, um ihre Tugend zu erproben, da sie eben nichts anderes als tugendhaft zu sein vermögen. Wir lächeln, indem wir von dieser Sphäre reden. Lächeln wir über die Tugend?
Mit kurzen Strichen zeichnet Valéry die vollzogene Entwicklung nach. Er erinnert an Corneille, an die Empfindsamkeit, an die große Revolution. »Damals« – sagt er –

»hielt die Tugend ihren Einzug in die Politik. Robespierre besonders hatte eine furchtbare Neigung für sie.« Indem er den rapiden Verbrauch der hohen Worte in den Macht- und Parteikämpfen betrachtet, meint der Redner, die Erklärung in einem allgemeinen Gesetz der Sprache finden zu müssen: »daß alle Ausdrücke, die in der Komödie der Gesellschaft eine zu große Rolle gespielt haben, durch die zu viele sich haben täuschen lassen und die allzu häufig durch Verfolgung selbstsüchtiger Zwecke kompromittiert wurden, Mißtrauen erregen und mit dem Stempel der Unaufrichtigkeit versehen werden.« Den Verderb, die Verdächtigkeit des Wortes findet Valéry zuerst um das Jahr 1840. Und hier ist die Stelle, an welcher er wiederum eine Beobachtung einstreut, die, mit wachem Geist gemacht, späterhin doch eigentlich unausgenützt zurückbleibt. »Man erträgt das Wort Tugend kaum noch in offiziellen Reden. Es ist gerade noch« – dies ist die Beobachtung, die wir meinen – »es ist gerade noch gut genug für die Bekränzung von Rosenmädchen, eine Festlichkeit, die ihrerseits bereits dem ›Vaudeville‹ zu weichen beginnt.« Von diesem gewissen Zeitpunkt an, sagt er an anderer Stelle wieder, sei der Gebrauch des Wortes nur mehr auf den Katechismus und auf die Operette beschränkt. Ein Satz, der ebenso wahr ist wie sein Inhalt rätselhaft.

*

Verschwand mit dem Wort auch die Sache, vielmehr die Idee, die es meinte? Valéry ist geneigt, die Frage zu bejahen. Und in der Tat sind Ideen mit starken Schnüren an die Sprache gefesselt, sie verändern sich mit dieser, ordnen sich um oder verschwinden mit ihr, und man wird nie entscheiden können, ob ein Gedanke verschwand, weil das ihn beschwörende Wort verlorenging, oder ob ein Wort darum ausgeblieben ist, weil die gemeinte Sache entrückt oder vernichtet wurde. Und doch braucht Valéry gelegentlich eine Wendung, die noch eine andere Deutung zuzulassen scheint: er spricht von dem »allgemeinen Verzicht auf den unmittelbaren Ausdruck der Dinge, die früher die verehrtesten und geheiligten waren«. Wäre es also möglich, daß die Tugend noch unter uns weilte in einer solchen Zerstreuung – in der Diaspora gleichsam –, die es uns nicht mehr erlaubte, sie selber unmittelbar zu nennen und zu rufen? Wäre es möglich, daß sie in einigen oder vielen unscheinbaren Verkleidungen unbemerkt umginge, daß wir sie mittelbar riefen, ohne es selber zu wollen und ohne sie zu erkennen, wenn sie auch schon erschienen ist?

Das Gegenstück dieser Möglichkeit ist von Herrn Valéry geschildert worden. Derjenige Zustand der redenden menschlichen Gesellschaft nämlich, in welchem das hohe Wort oft und gern angewendet wurde und doch in jedem Munde, der es aussprach, etwas anderes bedeutete oder besser verhüllte. Der Zustand, in welchem die Tugend aller Verbindlichkeit verlustig gegangen und nichts weniger mehr war als jenes »scharfe Schwert mit zwei Schneiden«, als das sie aus dem Munde Robespierres hervorging – (diese Wendung aus der Apokalypse ist von Valéry in dem gleichen Zusammenhang gebraucht worden).

Kehren wir aber zurück zu der vorigen Frage: Haben wir die Tugend selber verloren, weil wir das Wort verloren haben? Es ist notwendig, noch einmal mit Ja zu antworten. Denn jenes unerkannt und unscheinbar wiederkehrende Wesen, das auf so viele andre Namen hört, kann nicht mehr »die Tugend« sein. Mindestens nicht *die* Tugend – la vertu –, die Herr Valéry meinte, die ihm vorschwebte, und deren verblassende Züge er noch einmal flüchtig und sicher nachbildete, als er von Corneille und von Robespierre sprach. Diese Tugend kann sich weder verkleiden noch zerstreuen, sie kann nicht unbekannt, verschwiegen oder gar namenlos sein: ihr ist es wesentlich, strahlend deutlich erkannt und auf das schärfste sichtbar zu sein. *Diese* ist untergegangen – mit dem Wort.

*

Es war die *Allegorie* der Tugend, die Tugend als Allegorie. Wurde sie nicht wieder und wieder gemalt und gezeichnet? Darum nicht minder war sie Idee. Ja gerade auf die allegorische Weise, gerade als diese bekannte Frauengestalt war sie gültig, allgemein, verbindlich, erlaubte sie, das Schlechte vom Rechten zu scheiden. Zu solcher Tugend nur konnte man eine Neigung und auch eine »furchtbare Neigung« hegen – wie Valéry gleichsam mit erschreckter Bewunderung von Robespierre sagt. Und hier ist die Stelle, um wieder an die Feierlichkeit der »Bekränzung der Rosenmädchen« zu erinnern, von der er sagt, daß für sie die Tugend nach 1840 noch gerade gut genug gewesen sei, – an die Rosenmädchen wie an die Operette und an die Kolportage, über die wir zu lächeln pflegen. Jene engelreinen Jungfrauen, bei deren Betrachtung wir uns darüber wundern, daß sie nie anders als eben tugendhaft zu sein vermögen, – sie vermögen es darum nicht, weil sie die legitimsten Nachkommen jener strahlenden Frau sind, die Tugend hieß. Sie sind keine menschlichen Wesen, sondern allegorische, welchen nun allerdings die Verknüpfung mit einem menschlichen oder doch mindestens romanhaften Geschick zugemutet wurde. Gleichwohl zeigen sie sich ihrer hohen Abkunft würdig, denn dieses Geschick vermag ihnen nicht das geringste anzuhaben. Im Falle der Rosenmädchen bedarf es keiner langen Erklärung:

wir kennen noch heute viele Varianten davon in Festzügen oder in der Gestalt der weißgekleideten Ehrenjungfrauen, und es bedarf keines Wortes, daß dies alles allegorische Maskeraden sind.

*

Dort also sind die Reste der Tugend-Allegorie zu Hause. Warum aber verbirgt sie sich? Oder fragen wir lieber – da eine eindeutige Erklärung der Gründe hier doch nicht wird gefunden werden können –: auf welche Weise verschwand sie, unter welchen Begleitumständen? Herr Valéry gibt hierauf eine ganz bestimmte Antwort: »Wenn wir also nicht mehr von Tugend sprechen, sollte das dann nicht vielleicht daher kommen, daß diesen Ausdruck das gleiche Schicksal trifft wie die Idee vom ›Individuum als Selbstzweck‹?« Zuvor nämlich lenkte er die Blicke seiner Zuhörer auf Veränderungen größten Ausmaßes, die in der Welt vor sich gingen, und er stellte fest: »Aber heute stehen wir nun vor der Tatsache, daß unsere Idee vom unendlichen Wert des Individuums, diese Idee, die vom Denken hoch erhoben, von der Beobachtung und dem Leben selbst jedoch in jedem Augenblick widerlegt wird, sich im Gegensatz und im offenen Kampf mit dem Begriff der Kollektivität und dem des Staates befindet.« Nichts Persönlicheres, Individuelleres aber könne es geben, »als das Gute, in zartester Weise getan«. Ein ebenso schöner wie richtiger Satz: das Gute kann nur der einzelne tun. Wir wollen hier nicht erörtern, ob der Satz auch ganz ausreichend ist, – denn der einzelne kann das Gute nicht tun ohne einen oder mehrere oder viele andere, denen er es tut. Und der Menschenfreund Antoine de Montyon, der jenen Preis für tugendhafte Handlungen stiftete, kann ganz gewiß ebensogut ein Individualist wie ein Kollektivist genannt werden. Vor allem aber scheint uns, daß mit diesen Wahrnehmungen und Schlußfolgerungen Valérys das Verschwinden der Tugend nicht gut erklärt wird. Vielleicht ist hier – mit dem Problem des Kollektivismus – so etwas wie ein französischer Komplex ins Spiel getreten, der die Aussicht versperrt oder doch die reine Luft der Analyse trübt.

Die Gültigkeit der allegorischen Gestalten verlor sich, indem diese aus ihrem Himmel herabgeholt wurden oder herabstürzten in die Tiefe der menschlichen Herzen. Solange man von *der* Tugend, ihr hohes Bild vor Augen, sprach, so lange *konnte* man eben von ihr sprechen. Von tugendhaften *Menschen* indessen konnte man nicht entfernt so lange sprechen. Dem menschlichen Subjekt anheimgefallen, mußte auch das Wort, während zugleich das hohe Bild, die allegorische Idee, mehr und mehr verblaßte, fadenscheinig werden. Es zeigte sich bald, daß die Menschen, die sich oder andere mit der Tugend schmückten, scharf betrachtet, ganz andere und höchst praktische Interessen darunter verbargen. Es zeigte sich, daß die innerlich und subjektiv gewordene Tugend sich verstrickte ins Gewirr der Triebe, des Begehrens und der Angst um die eigene Existenz – und auf diese Weise wurde das Wort unglaubwürdig, zog sich die Allegorie in die Unterwelt zurück.

Ich muß hinzusetzen, daß auch diese Anmerkung für Herrn Valéry nichts Überraschendes haben kann noch soll, denn er hat denselben Gedanken im Grunde schon ausgesprochen in der kurzen und schönen Beschreibung der Epoche, in welcher jenes Gewirr der Triebe (oder auch die »logique du cœur«) entdeckt worden ist. Diese Beschreibung steht in demselben Akademievortrage und lautet so: »Wie soll man vor einem Beyle, einem Mérimée von Tugend reden, ohne daß diese raffinierten Kenner der Kunst des Simulierens, die gegen jeden falschen Ton so äußerst empfindlich sind, aufhorchen und einen mit einem gewissen Blick anschauen, in dem die Verdächtigung liegt, man sei einfältig oder ein Komödiant?« Und hatten sie – fügen wir hinzu –, haben sie nicht recht mit diesem »gewissen Blick«? Dieselben Männer aber haben, sehr weit abseits der Region, in der die tönenden allegorischen Worte verbraucht wurden, Menschen und Schicksale entdeckt und aufgezeichnet, die von einer anderen, *verschwiegenen*, ungenannten und ungewußten Tugend gebildet und durchzogen sind.

Übrigens sind wir, weil uns die Tugend entschwand, keineswegs etwa dem Laster anheimgefallen. Denn dieses verschwand genau gleichzeitig mit jener, ging genau ebenso in die Kolportage über, wo wir es noch heute antreffen können. Die allegorischen Gestalten sind untergegangen. Ich glaube nicht, daß die Verteilung von Gut und Böse in der Welt darum eine bedeutende Verschiebung erlitten hat.

TALBOT, DER EINZIG NÜCHTERNE
Versuch einer Deutung

Das dunkle Rätsel, das in der Figur des ehedem unbezwinglichen Talbot beschlossen liegt (in Schillers »Jungfrau von Orleans«), das uns im Theater mächtig und verstörend anrührt, indem wir die scharfen Ausrufe der großartigen Verzweiflung des Sterbenden hören – dieses Rätsel überdauert seinen Tod nicht nur, es bildet, unaufgelöst, noch den Schatten neben dem Glorienschein der verklärt entschwebenden Jungfrau, und es bleibt, unaufgelöst noch immer, zurück, wenn dieser Glorienschein schon verdämmert ist.

»Unsinn, du siegst, und ich muß untergehn!«
Der so spricht und in der Todesstunde, »überdrüssig dieser Sonne«, die dringliche Bitte des kriegerischen Freundes Lionel –

»Mylord! Ihr habt nur noch
Für wenig Augenblicke Leben – denkt
an Euren Schöpfer!«

– überhört, als wäre sie nicht ausgesprochen worden, fortrasend in seiner Empörung, und dahinsinkt mit nichts als »herzlicher Verachtung« auf den Lippen und im Sinn, – der scheint, obwohl besiegt, doch unbezwinglich auch über das Grab hinaus. Dieser ist der eigentliche Feind der Johanna d'Arc und dies nicht nur auf dem Schlachtfelde, nicht nur als Feldherr. Er ist ihr eigentlicher Feind deswegen, weil er sie als Feindin im Kriege gar nicht anerkennen kann. Sie selbst, Johanna, ist ihm nichts als ein Phantom, das gar nicht wirklich, gar nicht mächtig sein könnte, wenn ihm der Aberwitz und die Dummheit der Menschen, der Freunde wie der Feinde, nicht Wirklichkeit und Macht erst gäben. Aus keiner andern Vollmacht als eben derjenigen der Dummheit (und nicht einmal ihrer eigenen) hat sie – nach Talbot – ihren Auftrag empfangen und die Kraft, ihn auszuführen. Weit mehr noch als die neugewonnene Tapferkeit der Franzosen wurmte es den englischen Feldherrn, die Flucht des eigenen Heeres ohnmächtig mit ansehen zu müssen: diese Flucht, die nicht durch überlegene Waffengewalt des Gegners, geschweige durch die wunderbare Entscheidung eines höheren Schlachtenlenkers, sondern einzig durch die rettungslose Verblendung der Fliehenden selber ihm bewirkt erscheint. Nicht die Schwachheit der Waffen, die Schwachheit der Seelen, in welchen das Licht der »erhabenen Vernunft« so dürftig glomm, daß es beim ersten Windstoß, beim ersten Anhauch des Wunderbaren schon erlosch, – diese Schwachheit ist der Grund seiner Verzweiflung.

»Wären wir als Tapfre
Durch andre Tapfere besiegt, wir könnten
Uns trösten mit dem allgemeinen Schicksal,
Das immer wechselnd seine Kugel dreht –
Doch solchem groben Gaukelspiel erliegen!
War unser ernstes arbeitsvolles Leben
Keines ernsthaftern Ausgangs wert?«

Derart zerteilt er scharf den Zauber in beiderlei Gestalt: Johanna ist ihm weder gottgesandt noch teuflisch. Zwischen beiden Heeren bleibt er einsam, dem einen, das gläubig und begeistert zu der Sendbotin der Heiligen Jungfrau aufschaut, und dem andern, das in äußerster Verwirrung und Furcht vor dem schrecklichen »Gespenst der Nacht« die Schwerter wegwirft. Einzig er bleibt Herr seiner selbst inmitten solcher wilden Jagd, bleibt Soldat, der Feigheit nicht begreift und haßt, bleibt es kraft seines Gehirns, kraft seiner nie ermattenden *Vernunft*.

Freilich erweist sie sich als ohnmächtig, diese Vernunft, unfähig, nur einen einzigen Flüchtigen zur Besinnung zu bringen, unfähig, in der Feldschlacht dem Wunder – oder »groben Gaukelspiel« – wirksam gegenüberzutreten und standzuhalten. Aber Talbot, in all seiner Wut und Verzweiflung, wird gleichwohl nicht für einen einzigen Augenblick irre an dieser ohnmächtigen Vernunft. Er verschmäht es, sich über den Schmerz seiner Niederlage zu trösten mit der Vorstellung, von einem mehr als menschlichen Gegner geschlagen worden zu sein, wider den alle Kriegskunst vergeblich sei. Er verschmäht es im Angesicht des eigenen Todes, da es doch so viel leichter wäre, sich selber Trost und Rechtfertigung zu spenden. Er ist es, der die Niederlage am bittersten spürt, nicht allein, weil sein Ruhm zuschanden geht, nicht allein, weil er seine staatsmännischen und kriegerischen Pläne vernichtet sieht, sondern vorab: weil sie ihm allein vollkommen sinnlos ist, weil er auch nicht ein Gran von Wahrheit, Gesetz, Notwendigkeit oder Bedeutung darin zu erkennen vermag. Nicht einmal Ehre. Denn wie könnte der den eignen Untergang als ehrenvoll fühlen, der nichts andres triumphieren sieht als – die Dummheit!

»Erhabene Vernunft, lichthelle Tochter
Des göttlichen Hauptes, weise Gründerin
Des Weltgebäudes, Führerin der Sterne,
Wer bist du denn, wenn du, dem tollen Roß
Des Aberwitzes an den Schweif gebunden,
Ohnmächtig rufend, mit dem Trunkenen
Dich sehend in den Abgrund stürzen mußt?«

Nie ist eine Niederlage vollkommener, nie ein soldatischer Tod grausamer empfunden worden als hier. Denn nie ist das Bewußtsein davon wacher, unerschrockener und unerbittlicher gewesen. Kein Schmerzenslaut kommt über diese harten Lippen, keiner jener Wehrufe, die den antiken Helden bei allem großen Umriß doch menschlich, sein Schicksal unmittelbar fühlbar machten. Nein, Talbot reißt, indem er die Nachricht von der Übergabe von Paris empfängt, die Verbände von seinen Wunden, um den Tod zu beschleunigen:

> »So strömet hin, ihr Bäche meines Blutes,
> Denn überdrüssig bin ich dieser Sonne!«

Er ist ein unbedingt *moderner* Held. Darum auch bleiben die aristotelischen Empfindungen – wie sehr Schiller in seiner Theorie der Tragödie ihnen den alten hohen Platz zurückzugeben strebte –, darum bleiben Mitleid und Furcht hier dem Hörer fern: das Mitleid schweigt vor so viel eisig klarem Bewußtsein (kaum hört er, der die schreckliche Summe seines Lebens zieht, die Stimme des abschiednehmenden Freundes Lionel, kaum sieht der von Vernunft Besessene die Hand, die ihm gereicht wird!), und die heilsame Furcht weicht, da solches Schicksal ohne Sinn scheint, dem Schauder vor so viel Verlassenheit. Ein moderner Held, ein Nachfahr jenes Timon von Athen (aus Shakespeare), der, verraten und enttäuscht von allen falschen Freunden, auszog aus der Stadt und aus aller menschlichen Gemeinschaft und mit der selbstgesetzten Grabschrift noch die spätesten Wanderer schreckend anfuhr. Timon zwar wütete, da ihm eine moralische Welt, die der Freundschaft und der Noblesse, zusammenstürzte; Troilus (in Shakespeares »Troilus und Kressida«) aus betrogener Liebe. Talbot aber ist der unselige Märtyrer der Vernunft. Der Vernunft, welche hier die Seele der Tapferkeit ist.

※

Der Feldherr Talbot unterliegt in der Schlacht, die den äußern Gang der Handlung bestimmt und weitertreibt, – nicht aber unterliegt der Held in der Dialektik des Dramas. Obzwar er als Nebenfigur nur fungiert. Nicht ohne Selbstbetrug vermag der Zuschauer ihn zu vergessen, wenn er die erhabene Lyrik von Johannas Tod und Verklärung hört, und die Rührung ihn auch übermannt. Er erfährt auch von Verklärung, von der Sphäre der Engel und der ewigen Freude nur aus Johannas eigenem Munde – das Romantische dieser »romantischen Tragödie« geht in der Schlußszene nicht so weit, daß die Maschinerie des Theaters zu einer sichtbaren Himmelfahrt bemüht würde, wenngleich Schillers Anweisung immerhin eine gleichsam bengalische Naturerscheinung vorschreibt: »Der Himmel ist von einem rosichten Schein beleuchtet.« Zeigt auch dieser eben noch natürliche Schein einen übernatürlichen Vorgang an, so bleibt dieser selbst doch eingeschlossen in das Gefühl der Heldin, des »heiligen Mädchens«. Die gleichfalls in der szenischen Anmerkung bezeichnete »sprachlose Rührung« der die Bahre Umstehenden ist es, die sich dem empfindenden Zuschauer mitteilt: eine Rührung, die durch eine vollzogene Entsühnung und vornehmlich durch die wiederhergestellte Naivität – um mit Schiller zu reden – hervorgebracht ist.

»Schuldlos trieb ich meine Lämmer

Auf des stillen Berges Höh«

sang Johanna zuvor (ja, sie *sang* es – die reimreichen Verse des großen Monologs zu Beginn des vierten Aktes sind von der Festmusik im Hintergrund begleitet: ein Melodram!), und die Landschaft des Anfangs, dieses unbefleckte Naturreich einfacher, problemloser und schlechthin guter menschlicher Verhältnisse, diese Schäfer-Idylle vor dem

Sündenfall kehrte, intensiver nur, in der sehnsüchtigen Erinnerung wieder: Bild des verlorenen Paradieses. Das *Drama* inzwischen nahm erst seinen Anfang, als das Paradies verlassen wurde; denn in ihm gibt es keine Dramen. Vater Thibaut, der »schwermütig Gewordne«, sah den Ursprung von Johannes Schuld richtig: indem sie die Wiesen von Domremy hinter sich ließ, war sie schon schuldig. Aber sie zurückzubringen – der einzige Weg zu ihrer Rettung, den der Vater sieht, ist versperrt. Ein zweites, höheres Domremy muß sie aufnehmen.

»Der Himmel öffnet seine goldnen Tore ...«
Und hierhin fühlt sie sich aufschweben, von neuem schuldlos und naiv. Die Fürsten aber, die das zerrißne »Leben« voll Kampf und Schuld außerhalb des Schäferparadieses repräsentieren, sie stehen umher »in sprachloser Rührung«, da sie sentimentalisch im eignen Herzen das Bild des reinen vorgeschichtlichen und vordramatischen Daseins anschauen. Anfang und Ende Johannas verknüpfen sich. Domremy, das Land der Unschuld, stellt sich endlich wieder her, in neuer Gestalt, nicht mehr indessen als wirkliche Szene, sondern – um es nun noch einmal zu sagen – im erfüllten, nun nicht mehr zerrissenen *Herzen* des heiligen Mädchens.

*

Das schöne Jenseits, das sich hier öffnet, zeigt sich nur ihrem reinen Kinderblick. Das Bild der »Himmelskönigin mit dem schönen Jesusknaben«, wie es auf Johannas Fahne gemalt ist und in ihren Visionen erscheint und wie es denn auch in den lyrischen Versen der Sterbenden wiederkehrt, hat etwas von jener blassen Süße, welche wir von den Gemälden der frommen Romantiker, von den Andachtsbildern der Nazarener kennen: es ist »raffaelisch«, und dieses Wort bezeichnet den wesentlich ästhetischen Charakter solcher romantischen Frömmigkeit, zudem und vor allem führt es, obzwar am Anblick gerade höchster Kunst gebildet, die Sehnsucht nach dem verlorenen Zustand kindlicher oder – wie es später hieß – »primitiver« Gläubigkeit mit sich. Es ist nicht verbindlicher, allgemeiner Glaube schlechthin, dessen Predigerin Johanna wäre, es ist vielmehr *ihr* Glaube, die Frömmigkeit des lyrischen Bauernmädchens, schöne und rührende Vision einer himmlischen Sphäre, deren »Sängerin« sie ist. Fast nur ein Element der Idylle von Domremy, ein Zubehör dieses Schäferparadieses nicht anders als die Berge, die geliebten Trifte und traulich stillen Täler, die Grotten, Brunnen und das »Echo, holde Stimme dieses Tals«: von welchem allem sie anfangs wehmutvoll ausgezogen war.

Daß derart der ungebrochene Glaube hier ein Element des Rührenden ist, wird aufs deutlichste durch Schiller selbst bestätigt, in dem Gedichte nämlich, das er gleichsam zur Rettung seiner »Johanna« gegen die »Pucelle« Voltaires gerichtet hat (»Das Mädchen von Orleans«, 1801). Die Poesie selber wird darin allegorisch der Naiven als Geschwister zugesellt, beide ins Feld geführt, um die »Schätze des Herzens« vor dem Zugriff des »Witzes« zu hüten:

»Doch wie du selbst aus kindlichem Geschlechte,
Selbst eine fromme Schäferin wie du,
Reicht dir die Dichtkunst ihre Götterrechte,
Schwingt sich mit dir den ewgen Sternen zu.
Mit einer Glorie hat sie dich umgeben,
Dich schuf das Herz, du wirst unsterblich leben.«

Vollends wird es darin offenbar, daß die Glorie der Schillerschen Jungfrau von Gnaden der Poesie verliehen ist, nicht der Religion. Und daß es die Landschaft des Herzens ist, worin der Glaube Johannas nicht anders als die verklärende Poesie selber angesiedelt ist. Es bedarf – um dies beiläufig einzufügen – kaum einer langen Erörterung, um nachzuweisen, daß der Begriff von Dichtkunst, der hier hervortritt, nur ein schmales Feld im Werke Schillers deckt, – eben jenes, das er selber einschränkend absteckt, wenn er die »Jungfrau« eine *romantische* Tragödie nennt.

※

Ein schmales Feld nicht nur in seinem Gesamtwerke, sondern – es ist rechte Zeit, zur Figur des Talbot nun zurückzukehren! – ein schmales Feld auch im dramatischen Bau der »Jungfrau von Orleans« selber. Der außerordentliche, unerbittliche Dialektiker Schiller greift über die Region des Herzens weit hinaus – mag er sich auch in jenem späteren Gedicht, in Verteidigung begriffen, auf sie zurückgezogen haben. Das *Drama* – und auch die »Jungfrau« ist ein Drama, nicht bloß ein Schäfergedicht, nicht bloß ein Stück poetischer Verklärung, nicht bloß ein Lobpreis oder eine Figuration des Schönen und Rührenden –, das Drama entwickelt und zeigt größere, härtere Spannungen, als diejenigen es sind, welche aus der Begegnung der frommen Schäferin mit der hohen Politik des »stolzen Fürstensaals« sich ergeben. Keine Voltairesche Säure, kein umgedrehtes Fernglas ironischer Vermenschlichung (wie es nachmals von Bernard Shaw gehandhabt wurde) vermochte das »edle Bild der Menschheit« so kräftig zu entzaubern, wie Schillers eigne Kontrastfigur es einzugrenzen vermocht hat: Talbot in seiner Verzweiflung, in der Ohnmacht der Vernunft.

»Unsinn, du siegst, und ich muß untergehen,
Gegen Dummheit kämpfen Götter selbst vergebens.«

Keine härtere dramatische Antithese hätte sich erdenken lassen. Ihr Repräsentant stirbt, aber sie selbst bleibt unbezwungen, wie Talbot einst unbezwinglich war. Denn weit entfernt, etwa bloß die dunkle Folie abzugeben, vor der sich Johannas poesievolle Glorie nur heller abhöbe, wirft Talbots auf andere Weise *erhabenes* Heldentum vielmehr auch auf diese noch seinen Riesenschatten. Mag es auch zweifelhaft bleiben, ob jener schwarze Ritter mit geschloßnem Visier, der Johanna warnt, ihren Weg fortzusetzen, das Gespenst des abgeschiednen Talbot, der überm Grab noch umgehende Dämon seines Willens wirklich ist: die Jungfrau selbst fühlt sich im Anblick des Namenlosen an Talbot erinnert, und dies ist dem Interpreten Bürgschaft genug, in dieser rätselvollen Erscheinung die nachwirkende, wenngleich abermals erfolglose Stimme der Kritik, den geisternden Anspruch der Vernunft zu vernehmen – die Stimme, welche zuvor das »grobe Gaukelspiel« erliegend verfluchte. Das »Kehr um« des schwarzen Ritters verweist die Jungfrau, die fromme Schäferin, vom Schlachtfelde des Lebens und der Geschichte hinweg, zurück in die Region des Herzens, die Idylle von Domremy, woher sie gekommen. Der Ruf bleibt ungehört, wenn auch nicht ohne prophetische Bedeutung: unmittelbar danach tritt die Versuchung der Welt, zu der Vernunft nicht nur, sondern irdisches Gefühl nicht weniger gehört, an die Jungfrau heran und führt sie in schuldhafte Verstrickung.

Es ist wohl überflüssig, hiernach zu erörtern, ob die Figur des Talbot etwa nichts weiter als einen Repräsentanten des Rationalismus und Atheismus vom Schlage der französischen Enzyklopädisten bedeute. Es ist kein Kunststück, aus seinen Versen ein Bekenntnis abzulesen, das etwa darauf hinausliefe. Indessen wäre es allzu subaltern, wollten wir dem Dramatiker Schiller unterschieben, er habe eine Art von geistesgeschichtlicher Porträtskizze an die Stelle einer dramatischen Person gesetzt. Jene Züge gehören zum Bilde des Talbot hinzu; wer sie aber allein sieht, dem entgeht die Substanz der Figur wie ihre Funktion im Ganzen der Tragödie.

Schiller *glaubte* das Wunder der Jungfrau *nicht*, er rettete nur seinen Schein durch Poesie. Aber diese Kunst der Poesie war nicht vermögend – und er selber, der sie brauchte, mutete ihr so viel auch nicht zu –, das Wunder auch zu retten vor dem Anspruch des weltlichen Verstandes, des vernünftigen Willens, der geistigen Tapferkeit und kriegerischen Tugend, welches alles aus Talbot spricht. Dieser bleibt in der Tat, was er von sich selber sagt:

>»Bin ich der einzig Nüchterne, und alles
>Muß um mich her in Fiebers Hitze rasen?«

Die Versöhnung durch die Glorie der Dichtkunst bleibt unvollkommen, das »Romantische« bleibt Tragödie. Die Einheit von Furcht und Mitleid fällt auseinander in Schauder (vor dem verzweifelten Untergang des Talbot) und Rührung (über den Sieg des naiven Herzens, das nicht das unsere ist). Talbot vermag nichts gegen den sei's himmlischen, sei's höllischen, sei's schließlich nur menschlichen und abergläubischen Zauber der Jungfrau, und diese wiederum, die fromme Schäferin, vermag nicht, jenen emporzuziehen in ihre Verklärung. Der Schauder ertötet nicht die Rührung, und die Rührung macht den Schauder nicht schmelzen. Der klaffende Zweifel, ob es göttlicher Auftrag oder – Unsinn war, was hier siegte, wird zwar besänftigt, aber nicht getilgt.

DIE LÜGE IM GESICHT
Eine Bemerkung über Lavater

Für Johann Caspar Lavaters Art, das menschliche Gesicht und die menschliche Gestalt anzusehen, ist der Umstand sehr bezeichnend, daß er bei anderen und bei sich selbst gegen den Einwand zu kämpfen hatte, man könne ja auch ein falsches Gesicht aufsetzen und sich verstellen, und also stehe die physiognomische Deutung stets in Gefahr, dem Trug der Mienen zum Opfer zu fallen. In diese Schwierigkeit gerät er deswegen, weil er das Äußere – körperliche Struktur, Zeichnung, Verhältnisse von Gliedmaßen und Gesichtsteilen, feste Züge und bewegliche Mienen – als Zeichen des Inneren, also der Eigenschaften, Anlagen, Tugenden und Laster nimmt und nicht einmal nur als lesbares Zeichen oder Buchstaben, sondern geradezu als äußere Wirkung innerer Ursachen. Darum kommt ihm der Heuchler ernstlich in die Quere: der Heuchler, der nämlich absichtlich sein Gesicht in fromme Falten legt, um sein unkeusches Wesen hinter solcher eingelernten Larve zu verbergen. Auch bei ihm ist ja das Äußere die Wirkung des Inneren. Bei ihm sogar erst recht und in ganz bestimmtem Sinn, und darum könnte man den Heuchler geradezu als den Modellfall dieser Physiognomik bezeichnen. Und die Entdeckung der Heuchelei geradezu als das Probestück des Physiognomisten. »Also kann die boshafteste Lüge die Miene der leidendsten Unschuld annehmen? – Ja, sie kann es, und es ist schrecklich, daß sie es kann.« Lavater ist aus der Schwierigkeit, die er so beschreibt, eigentlich nicht herausgekommen. Er kann nur versichern – »O Leser! glaub' es mir!« –, daß er die geheuchelte von der aufrichtigen Miene gleichwohl unterscheiden könne, mit der Gewißheit des Gefühls. Er kann es beteuern, aber er kann nicht bestimmte Merkmale zur praktischen Nachahmung angeben. Und er kann ferner noch empfehlen, im Falle des Zweifels den mutmaßlichen Heuchler dann zu beobachten, wenn er selbst sich unbeobachtet glaubt. Derart wird denn hier der Physiognomist zum Kriminalisten, welcher mit einem durchdringenden Blick das Übernatürliche zuwege zu bringen, nämlich das Innere des Gedankens zu entblößen beansprucht.

Wie aber kann jemals das Unbeobachtete beobachtet werden? Oder wie kann jemals ein Beobachter etwas anderes als etwas Beobachtetes finden? Ein verdächtigender Blick etwas anderes als etwas Verdächtiges? Ein hassender etwas anderes als Häßliches und ein liebender etwas anderes als Liebliches? Wer unter dem Kriminalblick seinerseits die Augen niederschlägt, braucht darum nicht schuldig zu sein. Und wer dem Frager unverwandt und blau entgegenschaut, zeigt nur, daß er sich nicht fürchtet, sei es aus gutem Gewissen, sei es aber auch aus Frechheit.

Jenen Fall kennt auch Lavater. Er macht sogar die etwas unheimliche Bemerkung, fein organisierte Menschen seien immer in Gefahr, unredlich zu sein, sie befänden sich stets an der Schwelle oder am Abgrunde der Unredlichkeit. Und mit dieser Bemerkung scheint er sich endgültig den Ausweg aus dem Labyrinth der Verstellung zu verlegen. Denn wie er zuvor eigentlich zuließ, daß eine und dieselbe Miene sowohl wahr als auch falsch sein könne, daß die Lüge nicht an nachweislichen Merkmalen, sondern nur durch das unerklärliche Gefühl zu erkennen sei, so zeigt sich nun obendrein, daß umgekehrt die Kennzeichen der Unredlichkeit in gewissen Fällen nicht den Schluß auf ein unredliches, sondern nur und sogar gerade auf ein fein organisiertes Gemüt erlauben. Dem Heuchler ist die Lüge nicht ins Gesicht geschrieben; hier aber, wo eine Lüge im Gesicht hervortritt, ist's kein Heuchler.

Der Heuchler ist zwar eine Modellfigur des achtzehnten Jahrhunderts, aber in eben dieser Prägung doch auch ein Grenzfall. Nämlich jener Fall, wo Gestalt und Gesicht nichts als Maske sind. Kann das aber überhaupt sein? Diese Maske ist ja angewachsen. Was außen ist, ist auch innen. Eine wirkliche Entlarvung müßte einer Vernichtung gleichkommen. Wer seine Miene verstellt, verstellt sich selbst. Der Komödiant, auch der moralische, lebt sich in die Rolle hinein, die er spielt. Ein falsches Gesicht bezeugt nicht nur, sondern ist auch schon ein falsches Bewußtsein. Oder umgekehrt: wenn einer heuchelt, so heuchelt das ganze Gesicht, der ganze Körper mit. Dies zu entdecken ist freilich nicht Sache eines Strahlenblicks, der das Äußere wie eine Kruste durchdränge, sondern die Sache scharfer Beschreibung eben dieser Kruste, die sich gar nicht durchdringen läßt, weil sie auch innen sitzt, ebenso wie mitten auf der Stirn und in den Nasenwinkeln. Ein Mann, der wohlig aussieht, angenehm gepolstert, sich dabei nicht ungelenkig in den Hüften wiegt, dessen Mundwinkel sichtlich an herabtriefendes Fett und dessen Schenkel an Sprünge gewöhnt sind: ahnt man nicht die gedrückte Dürftigkeit seiner Ehefrau, die Furchtsamkeit seiner Untergebenen? Das Laster hat nur so lange einen fliehenden Blick, als es sich verfolgt weiß. Das Gesicht lügt nicht, wohl aber hat auch die Lüge ihr Gesicht, ihr ehrliches Gesicht.

Lavater, der begeisterte Physiognomist, in der Klemme zwischen der Aufrichtigkeit und der Verstellung, zuzeiten einigermaßen ratlos hin- und herschauend von einem zum andern und vom andern wieder zum einen, ist für einen Augenblick selber zu der skeptischen Einsicht gekommen, die aus solcher Verfängnis herauszuleiten vermag: »Es ist kein Mensch ganz ehrlich, und keiner ganz unehrlich.«

MASKEN UND FALLSTRICKE
Über Schiller

Masken, Larven, Heuchelei, Verstellung, Lüge und wiederum Fallstricke, teuflische Anschläge, Kabalen, Maschinen, Intrigen, wohin man blickt: so ist die gesellschaftliche Welt in Schillers Dramen fast überall beschaffen, so sind hier die menschlichen Beziehungen verstellt oder entstellt, verzerrt und fast unkenntlich, und sie blieben es oft genug, wären nicht die Monologe, worin die handelnden Personen ihr böses oder gutes, in jedem Fall ihr wahres Antlitz und ihr Herz entdecken – vor sich selbst und vor den Zuschauern, die nun ihre einzigen Zeugen sind. Die Monologe sind die Gucklöcher, durch welche wir in das Getriebe sehen, dessen Bewegung sonst bisweilen durchaus rätselhaft bleiben müßte. Denn zum geringeren Teil nur ist es das Verhängnis, das hier die dramatische, die tragische Entwicklung treibt, es eilt nur blindlings weiter, wenn eine Hand die Räder halten will, die schon im Rollen sind; das Verhängnis, das in der getanen Tat beschlossen ist, vollendet nur, was die Figuren in der zumeist verborgenen Nacht der eigenen Brust entworfen, angesponnen, angezettelt haben. Luise Millerin, Don Carlos, Maria Stuart und die Jungfrau von Orleans fallen als zarte, in Wahrheit ganz unschuldige Opfer solchen Räderwerks, unfähig, ihm zu trotzen, sicher aber des allgemeinen Mitgefühls, weil selber ganz aus Gefühl gemacht.

In der »Maria Stuart« ist der Wechsel von der einen zur anderen Maske und der Wechsel von Verstellung und Enthüllung, ist die scheinbare Vertauschbarkeit des wahren und des falschen Gesichts vielleicht das stärkste, gewiß das charakteristischste Mittel des dramatischen oder dialektischen Fortgangs. Hier verbirgt sich unter der Maske des Freundes der Feind, dort aber auch unter derjenigen des Feindes der Freund; geheuchelte Tränen der Wehmut verdecken die Grausamkeit, die sich sogleich mit dem Wechsel der Szene und des Partners dann entdeckt, aber auch Grausamkeit und Grobheit können die Larve des heißesten Gefühls bilden. Elisabeth, Mortimer, Leicester vor allem, der erfahrene Höfling, üben die Kunst der Verstellung, und jeweils mit dem Wechsel des dramatischen Gesprächs wechselt auch die Szene der Rede, der Gebärde, des Gesichts der einzelnen Figuren, öffnen und schließen sich die unsichtbaren Visiere mit unhörbarem Klappen, erscheint die falsche Miene und Meinung als die wahre, aber sogar auch die wahre wiederum als die falsche, so daß nicht allein die Figuren auf der Bühne, die jeweils in diese eigentümliche Mechanik der Verstellung verwickelt sind, als Betrogene und Trügende, in ihrem wahren oder falschen Vertrauen, wahren oder falschen Argwohn verwirrt werden, sondern daß selbst der Zuschauer, der hier auch als Kriminalist beansprucht und interessiert wird, in gewissen Momenten sich kaum noch auskennen kann. Mortimer wird, eben bei seinem ersten flüchtigen Auftritt, eingeführt als Jüngling von »rohen Sitten«, dessen Anblick die gefangene Königin ihren Kerkermeister ihr zu ersparen bittet –

»Wohl ist es keiner von den weichen Toren,
Die eine falsche Weiberträne schmelzt«
sagt sein eigener Oheim von ihm –, und schon beim näch-
sten Auftritt, der Maria gegenüber, entdeckt er sich, »scheu
hereintretend«, alsbald als Freund. »Ist's möglich, ist's kein
Blendwerk, das mich täuscht?« ruft Maria aus, kaum fähig,
diese Enthüllung zu begreifen, die ihr indessen durch ein
Handschreiben des Kardinals von Guise beglaubigt wird.
Mortimer:
»Verzeihung
Für diese verhaßte Larve, Königin,
Die mir zu tragen Kampf genug gekostet...«
Noch in der gleichen Szene aber erfährt der Jüngling zu
nicht geringerem Erstaunen eine ganz analoge Enthüllung
aus dem Munde der Maria: daß sie mit Lester, ihrem schein-
baren Todfeind, dem Günstling der Elisabeth, geheime Beziehungen pflegt –
»Vertraut ihm, er wird Euch vertraun.«
Und so geht es fort. Mortimer, nun der Maria wie den Zuschauern bekannt als glühender Katholik und Verehrer der
schönen Königin, der sie befreien will, erscheint bei Hofe
und gibt ebendieselbe Verbindung mit dem Guise, ebendieselbe Bekehrung zum römischen Glauben, die uns zuvor als
seine eigentliche Wahrheit offenbar geworden, als seine eigentliche Verstellung aus:
»Die Miene gab ich mir, ich leugn' es nicht;
So weit ging die Begierde, dir zu dienen.«
Und die in allen Ränken so erfahrene Elisabeth vertraut ihm
sofort – es gibt, wie dieser Vorgang zeigt, kein Zeichen im
Ausdruck, kein ungewisses Wort noch einen schrägen Blick
oder dergleichen, das ihn verriete, sie vertraut ihm so sehr,
daß sie ihn sogleich mit dem geheimsten Auftrag verführe-

risch bedenkt: Maria zu ermorden. Wir wüßten nicht, was nun zu denken sei, wenn nicht sogleich darauf im Monolog Mortimer sich ganz und ohne Rest deutlich machte:

»Geh, falsche, gleisnerische Königin!
Wie du die Welt, so täusch' ich dich.«

Diese Wahrheit im Monolog, in dem der Mensch oder die dramatische Figur allein für sich (und für die belauschenden Zuschauer) spricht, ist ebenso vollkommen, wie die Falschheit im Dialog vollkommen war. Nach solcher Selbstoffenbarung gibt es für uns, die wir's gehört haben, ebensowenig mehr einen Zweifel an der Meinung, dem Wesen und der Absicht der Figur, wie sie selber über sich einen Zweifel haben kann. Dies ist nur ein Beispiel für viele: der Monolog enthält stets die reine, ungetrübte Wahrheit, und darum stellt solcher stete Larvenwechsel sich als mechanisch dar – vergleichbar den Kunststücken barocker Schreiner und Tapezierer mit Geheimfächern und verborgenen Türen –, weil die Person, allein gelassen und für sich genommen, stets vollkommen eindeutig ist. Wie Leicester fragt –

»Ich seh' Euch zweierlei Gesichter zeigen
An diesem Hofe – eins darunter ist
Notwendig falsch; doch welches ist das wahre?«

– so ist es in der Tat: es gibt nur klare Falschheit und klare Wahrheit des Gesichts wie des Menschen, man kann sie wohl, im Innern des Spiels, verwechseln, doch am Ende müssen die Masken fallen, wie jeder einzelne vor sich selber ohne Maske ist, alle Türen sind eröffnet, alle Fächer aufgezogen, und der Mensch enthüllt sich in absoluter Weise, wie ihn sonst nur der höchste Richter am Jüngsten Tag zu prüfen und zu enthüllen vermag.

Mortimers »wahres Gesicht« wurde nicht erkannt, weder von Elisabeth, die ihn immerhin laut Schillers Anweisung »forschend« angesehen, noch auch von seinem Onkel Paulet – was vielleicht noch mehr heißen will, denn Paulet ist in diesem Stück der redliche Charakter, der durchaus eindeutige und unhöfische, auch unhöfliche Biedermann vom Schlage der Miller oder (cum grano salis) Verrina, allzu einfach gewiß, auch tumb, wenn man will, aber immerhin ist er es, der die Maxime des bürgerlichen Empirismus, der autonomen Erfahrung ausspricht:

»... und ich, Mylord, verlaß mich
Auf mich und meine beiden offenen Augen.«

Auch dieser Ritter Paulet also täuscht sich in seinem Neffen, er hielt ihn für »redlich« wie sich selbst, und so gibt er sich auch ihm gegenüber, aber der Oheim durchdringt diese erste blasse Maske, und sein Argwohn trifft auf die zweite, er wittert den blutigen Auftrag Elisabeths und in seinem Neffen den gedungenen Mörder, doch weiter reicht sein offenes Auge nicht. Die schillerisch-höfische Kunst der Verstellung vermag es also, wie verhaßt die Maske auch sein mag, das Gesicht und die Gebärde, das ganze physiognomische Wesen völlig zu beherrschen derart, daß die wahre Natur durch keine Lücke des Visiers, durch keine dünne Stelle der Larve mehr hindurchblickt. Nicht anders sehen Leicester und Mortimer bei ihrer ersten Begegnung einander »forschend« an, ohne daß einer über den anderen Sicherheit gewönne. Immerhin, als der Graf Marias Bildnis erblickt – »küßt es und betrachtet es mit stummem Entzücken« heißt hier die Regieanweisung –, da ist es eben diese Geste, allein die Geste, die den Mortimer überzeugt:

Mortimer (der ihn während des Lesens scharf beob-
achtet):
»Mylord, nun glaub' ich Euch.«
Und kurz darauf abermals:
»... Eure Augen sprechen
Zu deutlich aus, was Ihr für sie empfindet.«
Die Wahrheit also (die Schillersche Wahrheit des Men-
schen) bleibt nicht stets im Innern, auch eröffnet sie sich
nicht allein in der Rede des Monologs, sie tut sich auch in
Mienen kund, wenn freilich auch dies fast immer monologi-
sche Mienen sind, Momente wirklichen oder eingebildeten
Alleinseins, nämlich der Verzückung oder der Begierde.
Wirklich allein ist Leicester jenen kurzen Augenblick nach
Mortimers Abgang, da ihn Elisabeth ebenfalls physiogno-
misch ertappt, sie spricht ihn an, und Leicester antwortet,
»sich auf ihre Rede schnell und erschrocken umwendend«.
Sie forscht weiter: »Was ist Euch, Lord? So ganz betreten?«
Und nun »faßt sich« der Angesprochene, indem er den wahren Ausdruck seines Zustands – vergeblich, ihn zu leugnen –
sogleich mit Erfolg schmeichlerisch umdeutet: »– über deinen Anblick!« und »geblendet steh' ich da vor deiner Schönheit«. So zeigt sich der Meister der Verstellung nun von einer anderen Seite, indem er die wahre Miene festhält und ihr
mit Worten einen falschen Sinn unterlegt, wie man einer
und derselben Weise mehrere Texte unterlegen kann. Er in-
terpretiert sich selbst, wie das auch in den Monologen geschieht, hier aber ebenso eindeutig (für uns) falsch wie dort
eindeutig wahr, und es muß also vorausgesetzt oder geschlossen werden, daß die gleiche Miene Verschiedenes
»bedeuten« könne oder, da die allgemeine Bedeutung der
»Betretenheit« noch beiden Texten, dem wahren wie dem
falschen, gemeinsam zu sein scheint, daß gleiche Miene und

gleiche Bedeutung die verschiedensten Beweggründe haben, den verschiedensten Situationen entsprechen können. Wo aber auch diese Deutbarkeit aufhört, wo die Miene unwiderruflich weder falsch *ist* noch falsch gedeutet werden kann, da ist entweder die andre Einsamkeit des Wahnsinns, also ein medizinisches, ein pathologisches Phänomen erreicht – so bei Mortimers Liebesraserei (im Park zu Fotheringhay) – oder aber die offenbare Unschuld – der Maria Stuart selbst. Elisabeth kann Tränen der Wehmut weinen (»Was ist der Mensch!«), und selbst dieser intime physiologische Vorgang, selbst diese Tränen sind in einem entschiedenen, logischen, absoluten Sinne falsch, sie wendet sich und gibt den Befehl zum Mord. Die Lüge ist einfach, die Maske nicht angewachsen, man kann sie abnehmen – »Weg mit der Verstellung!« –, und man wird darunter unverändert das wahre Gesicht finden, ein System physiognomischer Zeichen gleich jenem falschen, allegorisch bedeutend wie jenes, weswegen denn auch das wahre für ein falsches wiederum ausgegeben werden kann.

Die Miene ist hier verstellbar (in beiderlei Sinn des Wortes). Niemand kann in sich selber noch vor sich selber lügen oder verlogen sein – was doch in Wirklichkeit sehr allgemein ist. Die Lüge sitzt hier nicht in der Tiefe des Leibes, sie kann nicht prägen, sie wird arrangiert.

Sympathie

Solche Maske und Verstellung aber ist auch nicht die Fähigkeit oder das Laster des Menschen schlechthin, sondern in Schillers Welt das soziale Kennzeichen des Höflings, der höfischen Sphäre insgesamt, der Fürsten und Beamten bis herab zum Sekretär Wurm, dem Modell des Intriganten überhaupt. Ihr tritt entgegen das reine Gefühl, der Kabale die Liebe, der Lügenbrut die Sympathie –

»Was den großen Ring bewohnet,
Huldige der Sympathie!«

Das Gefühl aber, diese dramatische Parole des Bürgertums, hat, wo es personifiziert auftritt, eigentlich gar kein Gesicht – außer demjenigen der abstrakten idealischen Schönheit, ohne individuelle Züge, allgemein und engelhaft, doch »von rührend wundersamem Reiz« (wie der entzückte Mortimer von Maria Stuarts Bildnis schwärmt). Nichts verdeckt und nichts entstellt auch diese süße Leere der Reinheit, Marias furchtbare Blutschuld und alle ihre Sünden sind ihr schon vergeben, ehe sie sie noch ausdrücklich bereut, ihre Reue, ja ihre Beichte vor dem Tode noch sind vorab schön, und es ist nicht Gott, nicht die »Stimme von oben«, nicht einmal die Kirche oder der Priester, die ihr vergeben, es ist nichts anderes als unsere »Sympathie«, unser durchaus menschliches, bloß menschliches Mitgefühl, welches dies vollbringt, schon vollbracht hat, bevor es noch ausdrücklich im Drama beansprucht wird. »Unser Schuldbuch sei vernichtet! Ausgesöhnt die ganze Welt!« – wie es im Lied an die Freude heißt, diesem Choral der Sympathie, die alle Grenzen, Formen, Individualitäten überströmt außer der einen, sozialen Grenze, die das universal fühlende Bürgertum vom höfischen Wesen trennt: denn in den Überschwang hinein tönt der freilich etwas unbestimmte revolutionäre Aufruf:

»Dem Verdienste seine Kronen,
Untergang der Lügenbrut!«

Das ganze Requisitorium der Religion, und zwar der katholischen als der schönen, sinnlichen Religion, Rosenkranz, Kruzifix, Hostie, Gebet, Beichte, Kultus überhaupt, dient bei Maria Stuart nur der Staffage dieses Gefühls, wie denn überhaupt hier der Glaube im transzendenten Sinne durchgehend ersetzt wird vom psychologischen Phänomen, vom Glaubensrausch und Seelenaufschwung, von der fast schon nazarenischen Reflexion auf das Bild des Kultus, des anschaubaren, schön kolorierten Meßwunders in der Kirche:

> »Geschmückt ist der Altar, die Kerzen leuchten,
> Die Glocke tönt, der Weihrauch ist gestreut,
> Der Bischof steht im reinen Meßgewand,
> Er faßt den Kelch, er segnet ihn, er kündet
> Das hohe Wunder der Verwandlung an,
> Und nieder stürzt dem gegenwärt'gen Gotte
> Das gläubig überzeugte Volk.«

Das ist Marias Glaube: eine poetische Beschreibung, die auch von einem empfindsamen Unbeteiligten gesprochen sein könnte – und sie ist ja auch von einem Unbeteiligten verfaßt. So gefühlvoll und gemäldehaft figuriert die Kirche in »Maria Stuart«, und ganz blaß nur im Hintergrunde diesmal erscheint ihre andere schillernde Gestalt – als politische Macht, kaum erkennbar durch geheime Ränke wirkend, jesuitisch die Drähte führend, woran ihre wissenden und unwissenden Werkzeuge hängen und agieren (so am deutlichsten im »Don Carlos«, in der Person des Inquisitorkardinals). Maria Stuart aber ist in diesem Stück, dessen historischen Stoff Schiller absichtsvoll als einen »rein menschlichen«, nicht als Staatsaktion, ergriffen hat, die Repräsentantin des nichthöfischen, des bürgerlichen Idealwesens und Selbstgefühls, wiewohl in königlicher Kleidung, immerhin wiederum eine gefangene Königin, machtlos und des Regiments beraubt. Die lyrischen Szenen, namentlich die des Abschieds von ihren Dienern und Dienerinnen, sind schon durchaus genrehaft, Ansichten ohne Hoffnung, aber voll Reizung des Trosts der Tränen, und nicht ohne Grund sind sie in so vielen Stahlstichen des neunzehnten Jahrhunderts denn auch deutlich ins Bild gesetzt worden. Selbst die sentimentale Figur des Fürsten, der im Glanz der Macht sein Gefühl verstecken oder gar trauervoll ersticken muß, diese Figur, die dem Bürger den Genuß einer Teilnahme an der Herrschaft gewährt, die sich durch die populäre Dynasten-Geschichtsschreibung bis heute zieht und denn auch in unserem Jahrhundert sogar die Wirklichkeit des fürstlichen Daseins oft genug bestimmt hat, – selbst diese ist in der »Maria Stuart«, wenn auch auf paradoxe Weise, vorgebildet: ihr Motto ist der freilich heuchlerische Ausspruch der Elisabeth:

»Die Könige sind nur Sklaven ihres Standes,
Dem eignen Herzen dürfen sie nicht folgen.«

Der Taucher

Die Maske, das Gegenstück also dieses Gefühls, war, so zeigte sich, dem Menschen, auch dem Höfling, nicht angewachsen, sie war nicht eigentlich lebendes Gesicht – wie denn allerdings auch umgekehrt das wahre Gesicht noch mehrerer Deutung fähiges physiognomisches Zeichensystem geblieben war. Gleichwohl ist es das letzte Ziel und Ideal solcher höfischen Larvenkunst (in der bürgerlich-poetischen Reflexion), die Maske ganz und gar undurchdringlich, unabnehmbar, die Verstellung zum Wesen zu machen, das Gefühl – und eben dieses macht ja hier die ganze Menschlichkeit aus – vollends auch im Busen abzutöten, nur noch Larve, also Unmensch zu sein – mit einem Wort: zu versteinern. Franz Moor hatte in seiner Todesstunde beten wollen, doch es nicht vermocht. Leicester ist der umgekehrte Franz: er will, im Anblick des Todes der Maria, seiner Liebe, versteinern, reglos zusehen, doch er erträgt es nicht. Aus seinem Mund indessen erfahren wir jenes negative Ideal der absoluten Larve:

> »Mit einem eh'rnen Harnisch angetan
> Sei deine Brust! Die Stirne sei ein Felsen!

— — — — —

> Verstumme, Mitleid! Augen, werdet Stein!«

Der Lord läßt sich entschuldigen, er ist zu Schiff nach Frankreich. Derart entpuppt sich Leicester doch am Ende als ein unvollkommener Höfling, ihm bleibt – nach des Autors Absicht – ein Rest von Sympathie, weil er selber einen Rest von »Sympathie« in sich bewahrt hat und zu tilgen unfähig war. Er entpuppt oder entlarvt sich selber wieder, wie er sich zuvor verpuppt oder verlarvt hatte, und aus der Larve kommt der Mensch hervor. Die absolute Versteinerung gibt es im Drama kaum einmal, wohl aber im Gedicht:

> »Schwarz wimmelten da, in grausem Gemisch,
> Zu scheußlichen Klumpen geballt,
> Der stachlichte Roche, der Klippenfisch,
> Des Hammers greuliche Ungestalt,
> Und dräuend wies mir die grimmen Zähne
> Der entsetzliche Hai, des Meeres Hyäne.«

Das ist die Versammlung der absoluten Larven, das traumhaft unbewußte schillerische Urbild des Hofes, das sind die »Ungeheuer der traurigen Öde«, hart, schuppig und stachlig, fühllos grausam von Haus aus, die Stirn ein Felsen und die Augen Stein. Wie der ganze Vorgang dieser Ballade vom Taucher gleichsam den höchst reellen bürgerlichen Angsttraum vom gefährlichen Aufstieg in die höfische Gesellschaft darstellt. Der Aufstieg freilich ist, in geheimer Transposition, zum wagemutigen Absturz in die schwarze Tiefe verkehrt, – die ganze untermeerische Sphäre ein verwandeltes Spiegelbild der königlichen Versammlung, die, selber blaß, fast unanschaulich, oben am Rand des Ufers den Ausgang des hybriden Spiels erwartet. Und nun: »Unter Larven die einzig fühlende Brust« – das Schlüsselwort nicht allein des Tauchers, sondern des schillerischen Welt- und Gesellschaftsverhältnisses überhaupt. Der Jüngling, der Knappe: der Bürger als Mensch schlechthin. Ohne Panzer und Stacheln, ohne Felsen und Stein, unversteinert und unverlarvt –

»Und sieh! aus dem finster flutenden Schoß,
Da hebet sich's schwanenweiß,
Und ein Arm und ein glänzender Nacken wird
bloß ...«

– dies ist der Anblick, wenn auch fragmentarisch nur bezeichnet, des Menschen, schön, weiß und glänzend, des menschlichen Menschen, der einzigen fühlenden Brust. Einmal gelingt's ihm, den goldenen Becher des Erfolgs heraufzuholen, beim zweiten Mal verschlingt ihn die Tiefe, oder zerrissen ihn die Rochen und Haie. Wie die schöne fühlende Maria Stuart, die schöne fühlende Luise Millerin, die schöne fühlende Johanna d'Arc zerrissen wurden. »Lang bei Hofe, lang bei Höll'« lautet eines der Sprichwörter, in denen der Rat Goethe, nach dem Zeugnis des Sohnes (im fünfzehnten Buch des dritten Teils von »Dichtung und Wahrheit«), seinen »hypochondrischen« Abscheu vor der Sphäre der Großen ausdrückte – es ist dieselbe Hölle, aus der jener Jüngling nicht wiederkehrte. Und die Schuppen, die dem jungen Goethe (nach seinem eigenen Wort, im letzten Buch desselben Werks) von den Augen fielen, als endlich der so lang erwartete, inzwischen aufgegebene Kavalier erschien, der ihn an den Weimarer Hof bringen sollte, als das Gespinst von höfischen Fallstricken, Intrigen, Schabernack, die er wie vor allem sein durchaus bürgerlicher Vater hinter diesem Ausbleiben vermutet hatte, in nichts zerging (»alles war ganz natürlich zugegangen«) – diese Schuppen fallen hier, vor Goethes Augen, zugleich von den Leibern jener Rochen und Haie des Hofes, die soeben noch so fürchterlich und fern gewesen waren: ihm wurden auch die Prinzen im gleichen Augenblick zu Menschen, er vertraute der fühlenden Brust auch bei Hofe. Der Wagen stand vor der Tür, der Postillon blies, und er eilte nach Weimar – glücklicher als der Taucher.

DAS GLÜCKLICHE UND DAS GEFÄHRLICHE LEBEN
Ein Vortrag

Glück und Heroismus: Wir zweifeln, indem wir diese beiden Begriffe hören und uns zu vergegenwärtigen versuchen, ob sie einander widersprechen, gar einander ausschließen, oder ob sie im Gegenteil zusammengehören, sich zu einer einzigen Figur zusammenzufügen vermögen. Kann, der das Glück sucht, ein Held sein oder werden? Und kann ein Held glücklich sein oder werden? Da kommen uns freilich die Erinnerungen an glückliche Helden in den Sinn, die Bilder von Männern oder Jünglingen, die das Glück nicht suchten, weil sie es nicht zu suchen brauchten, die Glück hatten und große Taten vollbrachten und deren Gedächtnis bis auf unsere Tage unverwelkt geblieben ist. Die Figur des glücklichen Helden gehört dem Altertum an; Achill, Alkibiades, Alexander – diese Namen bezeichnen eine Einheit von Macht und Schönheit, Anlagen und Gaben, innerer Disposition und äußeren Bedingungen, sie bezeichnen den Glanz ewiger Jugend, mühelosen Erfolges, wahrhaftig eine ungeschiedene Einheit von Glück und Heldentum. Es sind Lieblinge der Götter, und diese Götter gehören durchaus zu ihrem Bilde hinzu; ohne die Götter ist die Gestalt des glücklichen Helden nicht zu denken – es ist wesentlich eine heidnische Gestalt. »Gleich wie eine frei in ihrem Äther schwebende Kugel«, so bezeichnet Hegel diesen Geist: unbedürftig, leicht, in sich selber vollkommen wie das Schöne: haben wir nicht in dieser Metapher ein Symbol des Heldentums selber, ein Symbol der Epoche, in der die Helden nach ihrem Tode unter die Gestirne versetzt wurden?

In der Tat, solche Gestalten sind uns nur ferne Erinnerungen, entzückend, aber unnachahmbar. Sie gehören dem Heidentum und nur dem Heidentum an. Uns ist diese Einheit von Glück und Heroismus zerfallen. Und da ist keine Klage und keine Trauer, die sie zurückzurufen imstande wäre. Wir leben nicht mehr in der Welt der Götter, und der Tod ist für uns etwas anderes als der letzte Griff der Vollendung, er birgt beides: einen unbegreiflich tiefen Schmerz und eine unbegreiflich tiefe Hoffnung. Diesen Schnitt, diesen unheilbaren Riß zwischen Glück und Heroismus hat das Christentum bewirkt. »Mein Reich ist nicht von dieser Welt«: der so sprach und die dessen gewiß waren, kannten und kennen keine Vollendung, keine Vollkommenheit in dieser Welt mehr. Kein solches Dasein, das einer freischwebenden Kugel zu vergleichen wäre. Die Götter sind ausgezogen, der Olymp ist leer. An die Stelle des heidnischen Glücks, das ein gegenwärtiges Glück war, welches man nicht erst zu erhoffen brauchte, ist die ewige Seligkeit getreten, die verheißen ist und erhofft wird. Und an die Stelle des Heldentums ist das Martyrium oder die Passion getreten. Seitdem erst ist die Welt eine geschichtliche Welt geworden, ohne Wiederkehr, worin darum jede Erscheinung, jede Gestalt und jedes einzelne Leben an seine einmalige Zeit gefesselt ist, die man nicht verrücken und nicht umkehren kann und die unaufhaltsam verrinnt und versinkt. Und weil das Leben geschichtlich ist, darum bedarf es der Erlösung.

*

Nichtsdestoweniger haben die Menschen nicht aufgehört, sowohl das Glück zu suchen und im Geiste zu bestimmen als auch das Heldentum. Nur mußten beide in dieser christlichen Welt je für sich einen anderen Charakter annehmen und mußten vor allem einander gegenübertreten. Glück und Heroismus sind daher wirklich – so wie uns die Begriffe überkommen sind – Gegensätze. Der Glückliche, so scheint es, kann kein Held sein. Und der Held braucht zwar nicht unglücklich, kann aber auch nicht glücklich sein (wenn wir von Romanhelden einmal absehen). Nun ist es merkwürdig, daß die lateinischen Nationen den modernen Begriff des Glücks am klarsten und entschiedensten konzipiert haben, während die deutschen Denker, mit oder ohne Absicht, sehr viel intensiver das Wesen des Heldentums zu fassen versucht haben. Dieser Gegensatz lebt offenbar noch heute, und nicht bloß in der philosophischen Theorie, sondern ebenso in der allgemeinen Atmosphäre des Lebens, in der Praxis jedes einzelnen wie der ganzen Völker. In Deutschland ist das Wort »Glück« zwar durchaus gebräuchlich, aber es wird doch selten ganz unbefangen und selbstverständlich ausgesprochen und angewendet. Wiewohl Kant selber etwas ganz anderes gelehrt hat, da er ein Kind oder besser ein Meister des achtzehnten Jahrhunderts gewesen ist, haben die späteren Verwalter des deutschen Idealismus das Glück mitsamt der Lust, welches beides selbstverständlich nicht abgeschafft werden konnte, doch in die untere Region des menschlichen Daseins und seiner Zwecke verwiesen.

Ganz anders in Frankreich. In der französischen Philosophie ist der Begriff des Glücks fast zu allen Zeiten – wenn ich mich paradox ausdrücken darf – ein erhabener Gegenstand des Nachdenkens gewesen. Es erscheint vielleicht nicht ganz fair, wenn zu diesem Vergleich ein Denker des achtzehnten Jahrhunderts angezogen wird, – da der weltliche und diesseitige Geist dieser Epoche wohl in allen Nationen, auch in der deutschen, die irdischen Zwecke und zumal die

Wohlfahrt der menschlichen Gesellschaft auf das sorgfältigste erwogen und bearbeitet hat. Dennoch soll diese philosophische Erwägung mit einer kurzen Analyse der Ansichten *Montesquieus* eröffnet werden, und diese Wahl ist dadurch gerechtfertigt, einmal, daß die Gesinnungen des achtzehnten Jahrhunderts in Frankreich ohne Zweifel eine dauerndere Wirkung gehabt haben und noch haben als bei uns oder vielleicht irgendwo sonst in Europa, zweitens, daß die Lehren dieses großen Denkers und klassischen Stilisten sich uns geradezu als ein Modellfall darbieten, derart, daß, wer von Glück sprechen will, notwendig auch von Montesquieu sprechen muß.

Die gesamte Lehre Montesquieus von Staat und Gesellschaft, wie sie vor allem im »Esprit des lois« niedergelegt ist, ebenso wie seine historischen Untersuchungen, namentlich diejenige über »Grandeur et Décadence des Romains«, und die allgemeineren Aphorismen und Bemerkungen über den Menschen, die wir in den »Cahiers« lesen können – dies alles zusammen läßt sich sehr wohl als eine Philosophie des Glücks bezeichnen. Ja, wenn man ein gewisses Bonmot, das in seinem Tagebuch steht, ernst nimmt – und man darf es durchaus ernst nehmen –, so ist nach seiner Ansicht nicht bloß das Glück ein Gegenstand der Philosophie, sondern auch die Philosophie selber ein Mittel zum Glück. Dieses Bonmot lautet folgendermaßen:

> »Ich sagte zu Frau von Châtelet: Sie berauben sich Ihres Schlafs, um Philosophie zu lernen; man sollte aber, umgekehrt, die Philosophie studieren, um schlafen zu lernen.«

Obgleich Montesquieu selber literarisch sehr sorglich unterschieden hat zwischen den Bonmots und den Wahrheiten, so ist man doch berechtigt, diese Unterscheidung in dem gegenwärtigen Falle auch wieder aufzuheben. Denn in der Tat: was wäre ein Bonmot wert, das nicht eine Wahrheit aufblitzen ließe! Die Bemerkung läßt die dialektische Situation noch erkennen, in die das Bonmot hineingehört: der Partner im Gespräch ist eine Dame, die es sich schuldig glaubt, die Philosophie zu lernen – ein fragwürdiges Unternehmen! – und die sich des Fleißes rühmt, den sie daran wendet. Sie gibt den Schlaf für die Philosophie (wenigstens behauptet sie das), und Montesquieu verdirbt ihr, ein wenig boshaft, den ganzen Spaß an diesem idealistischen Martyrium, an dieser selbstauferlegten Askese, mit seiner Definition oder seinem Postulat, daß man die Philosophie studieren solle, um schlafen zu lernen. Schlafen – das heißt nämlich ruhig schlafen, gut schlafen, mit Genuß schlafen, und darum auch gesund schlafen, so wie eben ein glücklicher Mensch schläft, der weiß, daß es ihm vergönnt ist zu schlafen, und der diese Chance nutzt und diese Gabe annimmt. Wenn ein Mensch aber soll gut schlafen können, und wenn er insofern glücklich sein soll, so ist es freilich nötig, nicht bloß, daß ihn kein heroischer oder asketischer Eifer, sondern auch, daß ihn keine Angst und Sorge daran hindere. Diese Verfassung des Gemütes, die ihn zum Schlafen befähigt, kann also nur unter gewissen Bedingungen gedeihen, die eine übermäßige, den Schlaf raubende Angst ausschließt. Dazu gehören zum Beispiel die Bedingungen des Gemeinwesens, worin er lebt: es muß ihm den nötigen Schutz und die Sicherheit gewähren können – und da haben wir einen guten Grund, über die Verfassungen der Staaten, über die Gesetze und den Geist der Gesetze nachzudenken. Und wenn wir uns die drei Prinzipien in Erinnerung rufen, die Montesquieu im »Geist der Gesetze« den drei politischen Grundformen zuordnet – der Republik die »vertu«, der Monarchie die »honneur«, der Despotie die »crainte« –, so ließe sich eine Wahl zwischen diesen drei Formen durchaus und in allem Ernste auch von dem Kriterium abhängig machen, welches von den drei Regierungssystemen den besten Schlaf oder am besten den ruhigen Schlaf gewähre. Dieses Kriterium, ohne Umschweife ausgesprochen, klingt freilich recht banal. Wenn wir aber bedenken, daß es nicht nur äußere, sondern auch innere Ängste gibt, die unseren Schlaf beeinträchtigen können, und daß es also nicht bloß der äußeren Sicherheit, sondern auch der inneren Ruhe des Geistes und des Gemütes bedarf, um gut zu schlafen, so eröffnet sich sogleich die weite Perspektive der moralischen Untersuchungen und Betrachtungen, welche nicht weniger zum Glücke nötig sind. Entsagung und Genuß – oder vielmehr die Fähigkeit zu entsagen, sich zu mäßigen und genügsam zu sein, und die Fähigkeit zu genießen, müssen beide gleichermaßen gegeben oder erworben sein, wenn jene innere Ruhe, das Gleichmaß und Gleichgewicht der Seele zustande kommen sollen, die den guten Schlaf verbürgen. Das Entsagenkönnen und das Genießenkönnen – beide Fähigkeiten sind aber im Grunde eine und dieselbe für den Philosophen, und diese eine hat den Namen: Freiheit. Ich brauche nicht hinzuzufügen, was sich von selbst versteht, daß dieser Begriff der Freiheit längst vor der Französischen Revolution konzipiert worden ist (die Montesquieu ja nicht mehr erlebt hat), und daß es also notwendigerweise ein vorrevolutionärer Begriff ist. Diese Morallehre und jene Staatslehre gehören zusammen wie Dotter und Eiweiß; nur beide zusammen in ihrer Einheit machen diejenige Philosophie des Glückes aus, welche Montesquieus Philosophie ist. Ließe man die Moral und zumal jenen Begriff der Freiheit weg, so könnte man denken, seine Staatslehre liefere die

Theorie zu derjenigen politischen Lebensform, die ein älteres Schimpfwort den »Nachtwächterstaat« nennt. Und ließe man umgekehrt die Staatslehre weg, so bliebe eine Moral übrig, die zur Don-Quichotterie, jedenfalls zur Ohnmacht des Individuums führen müßte.

Was aber nun die Bestimmung des Glücks selber anlangt, die Montesquieu gegeben hat, so ist sie von einer Einfachheit, die wir nur bewundern können. Eine andere Aufzeichnung aus dem Tagebuch scheint den Kernpunkt der Sache zu treffen.

> »Mir scheint, die Natur hat für Undankbare gearbeitet. Wir sind glücklich, aber unsere Reden sind derart, daß es scheint, wir bemerkten es nicht. Gleichwohl finden wir überall Vergnügen (des plaisirs): sie gehören zu unserem Wesen, während die Leiden nur Zufälle sind. Die Dinge scheinen immer für unser Vergnügen bereitet zu sein: Wenn der Schlummer uns ruft, gefällt uns die Finsternis; und wenn wir aufwachen, entzückt uns das Licht des Tages. Die Natur ist mit tausend Farben geschmückt; die Töne schmeicheln unseren Ohren; die Speisen schmecken angenehm; und als wäre es nicht genug am Glück der Existenz – obendrein muß unsere Maschine noch das Bedürfnis haben, unaufhörlich zu unserem Vergnügen wiederhergestellt zu werden.«

Was ist also das Glück? Worin liegt es? In den Gütern? Im Besitz? Im Reichtum? In der Macht? In der Gesundheit? In der Kraft des Geistes? Im Werk, in der Leistung, in der Arbeit? Im Selbstbewußtsein oder Selbstgefühl? Oder gerade in der Selbstlosigkeit, in der Aufopferung des eigenen Nutzens, im Dienst und in der Liebe? – Nein, antwortet Montesquieu, der Philosoph: in der Existenz selber. Das eigentliche Glück ist kein anderes als das Glück des Existierens oder: das Existieren ist schon das Glück. Wir brauchen das Glück nicht zu suchen, das Paradies ist nicht verloren, noch liegt es in der abstrakten Ferne der Utopie; es bedarf weder der Reformen noch der Revolutionen, um es zu erlangen, denn »wir *sind* glücklich«. Ganz ähnlich sagt er an einer anderen Stelle:

> »Das Glück – das ist jener Augenblick, den wir nicht mit dem Nicht-sein vertauschen möchten.«

Und es ist klar, daß diese Momente sehr zahlreich im Leben sind, ja, daß sie die anderen, wo wir vielleicht – vielleicht! – geneigt wären oder gar danach dürsten, das Dasein mit dem Nichtdasein zu vertauschen, bei weitem überwiegen. Diese Definition des Glückes erlaubt daher stets einen sicheren Kalkül, wenn es gilt, zwischen dem Guten und dem Übel in der Welt, nämlich zwischen den glücklichen und den unglücklichen Sachverhalten, Ereignissen und Taten die Bilanz zu ziehen. Montesquieu hätte die einfachste, natürlichste, verständlichste und populärste Theodizee gegeben – wenn es ihm auf eine Theodizee angekommen wäre. Aber es kam ihm nicht darauf an, Gott zu rechtfertigen, sondern darauf, den Menschen zu bestätigen. Oder vielmehr nicht bloß zu bestätigen – so einfach ist die Arbeit der Philosophie leider nicht –, sondern die Menschen zuerst zu überzeugen von ihrer wahren Lage, eben von dem Glück des Daseins:

> »Man müßte die Menschen von dem Glück überzeugen, das sie nicht kennen, nicht einmal, während sie es genießen.«

So schwer diese Aufgabe auch ist, so einfach ist die Erkenntnis als solche, welche Montesquieu lehrt. Es ist eine Lehre und eine Haltung, welche nur in einer Welt ohne Götter möglich ist. Denn wo Götter sind oder waren, da sind oder waren auch Dämonen. Da waren Angst, Beschwörung, Orakel, Vorzeichen, Verwandlung und Opfer. Hier aber ist nichts von alledem, die Welt liegt offen da, sie ist die Welt der Menschen und allein der Menschen, sie gehört ihnen, ist ihnen anvertraut, und ebenso dürfen die Menschen ihr vertrauen, es ist im bestimmtesten Sinne eine menschliche Welt. Es ist eine götterlose, aber keineswegs eine gottlose Welt. Es gibt einen untrüglichen Beweis dafür, daß auch diese so ganz und gar diesseitige Denk- und Betragensweise tief vom Christentum geprägt ist. Es bedarf dazu nicht erst einer umständlichen Nachforschung darüber, ob der Autor Montesquieu selber ein Gläubiger oder ein Atheist gewesen sei – einer Nachforschung, die wahrscheinlich immer zu strittigen Thesen führen müßte. Nein, gerade in jenem Begriff des Glückes selber steckt das christliche Motiv darin – denn das Wort »Glück« steht in vielen Sätzen dieses Autors im engsten Zusammenhang mit dem anderen Wort »Hoffnung«, und wenn dies auch in einem sehr empirischen psychologischen Sinn gebraucht sein mag – wie etwa in dem schönen Satz

»Das Glück besteht nicht im Vergnügen, sondern in einer leichten Fähigkeit, Vergnügen zu empfangen, in einer wohlbegründeten Hoffnung, es zu finden, sobald man will ...« –

wenn dies also auch die Form einer bloß psychologischen Feststellung und freilich zugleich auch schon einer moralischen Ermunterung hat, so richtet doch diese Feststellung und diese Ermunterung gerade eine bestimmte Distanz zwischen dem Menschen und den Vergnügungen oder den Gütern dieser Welt auf, obgleich es seine Welt ist. Es ist keine ewige Welt, keine runde Welt, wie die heidnische war. Keiner ihrer Augenblicke und keine ihrer Gaben hat diejenige

Gegenwart, die den Menschen seine Endlichkeit, seine Vergänglichkeit vergessen machen könnte, und keine Gegenwart hat Dauer. Darum eben ruht im Grunde des Glücks die Hoffnung, oder, anders gewendet, darum besteht das Glück im Grunde in der Hoffnung. Die Hoffnung aber ist ein entschieden christlicher Begriff. Le bonheur de l'existence – das ist zugleich immer le bonheur de l'espérance; das Dasein selber ist von Hoffnung bestimmt, getragen und durchtränkt.

Nach dem Versuch, diesen Begriff des Glücks durch eine Deutung zu befestigen, muß aber nun wenigstens *ein* Punkt bezeichnet werden, an dem sich die Betrachtung Montesquieus einer notwendigen Kritik aussetzt. Dieser Einwand bezieht sich nicht auf seinen Glauben, sondern auf seine Skepsis oder, wenn ich so sagen darf, nicht auf die hohe, sondern gerade auf die geringe Meinung, die er auch vom Menschen hatte. Nicht immer und nicht durchgängig nämlich befinden sich Glück und Freiheit in Übereinstimmung, bisweilen scheint der Anspruch des Glücks sich zu verringern und gleichsam unter das Maß des Menschen herabzusinken, derart, daß sogar das hohe Prinzip der Freiheit dem bloßen Wohlbefinden und der Sicherheit untergeordnet oder gar aufgeopfert wird. Denn der Mensch, so heißt es dann etwa, sei nun einmal so beschaffen, daß er sich auch mit wenigem zufrieden gebe, wenn es ihm nur einigermaßen gut gehe. Wir bemerken diese scheinbar so geringe Verschiebung der Proportionen in den Schriften Montesquieus bezeichnenderweise am ehesten dann, wenn er mit seinem duldsamen Blick die Staaten und Regierungssysteme mehr vom Standpunkt der Regierenden als von dem der Regierten betrachtet, wenn ihn die Bewunderung für einen weisen Regenten mitreißt und er sich in die Untersuchung der Mittel vertieft, welche dieser angewandt hat, um die Menschheit klug zu leiten und zu hüten. Gerade weil die Freiheit mehr ein philosophischer als ein staatsbürgerlicher Zustand sei, so heißt es einmal – und hier finden wir den vorrevolutionären Charakter dieses Freiheitsbegriffes besonders deutlich bestätigt –, brauche eine Verfassung darum noch nicht unvollkommener zu sein, weil sie sich von dieser philosophischen Idee der Freiheit entferne. Oder noch bestimmter, bei Gelegenheit einer Bemerkung über die Regierung Ludwigs XII., den er hoch verehrt:

>Dieser Fürst hätte die Untertänigkeit lieben gelehrt, wenn anders sie hassenswert wäre; er wäre fähig gewesen, das Willkürregiment erträglicher zu machen, als andere die Freiheit gemacht haben.<

Oder ein anderes Wort, nun schon mit deutlicher Ironie und nicht ohne einen Anflug von Verachtung des Menschen:

>In einer wohlgeordneten Monarchie sind die Untertanen wie Fische in einem großen Becken: sie halten sich für frei, und doch sind sie gefangen.<

Hier steigt das Bild vom braven Untertan, vom zufriedenen kleinen Mann auf, welches das entstehende Selbstbewußtsein des dritten Standes gewiß nicht dauernd ertragen konnte. Merkwürdig ist aber nun, daß diese Verkleinerung des Menschen, wenn ich so sagen darf, nicht einmal nur bei der Betrachtung der Monarchien sich einstellte, sondern, mit einer bestimmten Abwandlung, nicht weniger bei der Charakteristik der republikanischen und sogar der ausgesprochen demokratischen Systeme. Und es scheint gerade jenem Begriff des Glücks das Verhängnis innezuwohnen, daß er durch seine enge Verknüpfung mit den stoischen Tugenden der Mäßigung und der Genügsamkeit jene Minderung der menschlichen Möglichkeiten hervorbrachte, die den Späteren oft so anstößig geworden ist. Wir finden im fünften Buche des »Esprit des lois« und gerade in dem erhabensten Zusammenhange, wo nämlich von der Liebe zum Staat und von der Opferwilligkeit des Republikaners die Rede ist, den fatalen Satz, der genau diese Konsequenz bezeichnet:

> »Der ›bon sens‹ und das Glück der Privatleute beruhen zu einem guten Teil auf der Mittelmäßigkeit ihrer Fähigkeiten und ihrer Vermögen. Eine Republik, wo die Gesetze viele mittelmäßige Leute gebildet haben und die sich aus glücklichen Leuten zusammensetzt, – diese Republik wird sehr glücklich sein.«

Der Einwand gegen die Philosophie des Glückes, dessen Gegenstand hier sichtbar wird, richtet sich nicht sowohl gegen die Mäßigung und die Genügsamkeit als solche, die ja vielmehr auch Größe und Erhabenheit zeigen kann, sondern gegen diese ihre Folgeerscheinungen: die Mediokrität. Die Mittelmäßigkeit der Vermögen ließe sich durchaus noch ertragen, die Mittelmäßigkeit der Menschen aber nicht.

*

In der Anerkennung – nein, in der Forderung der Mittelmäßigkeit, wie sie aus Montesquieus Philosophie des Glücks folgte, erkennen wir nicht allein gewisse Züge der tatsächlichen bürgerlichen Lebensordnung und Lebensweise des neunzehnten Jahrhunderts im voraus, sondern sofort auch, wie in einem Rückspiegel, schon den Anstoß für die Revolte, die sich nachmals gegen die fertige bürgerliche Welt erhoben hat. Dieser Aufstand ist philosophisch vor allem in Deutschland formuliert worden. Sein Protagonist ist *Fried-*

rich Nietzsche. Betrachten wir nun das Gegenbild, das er entworfen hat; ganz offenbar läuft es allem zuwider, was wir zuvor bei Montesquieu gesehen haben. Nietzsche hatte die Entschlossenheit, keine feinen Unterschiede mehr gelten zu lassen, wie sie bestanden etwa zwischen Mäßigung und Mittelmaß, zwischen echter und sentimental-verdorbener Humanität, zwischen dem Glück des Besitzes und dem Glück der Hoffnung – das ist ihm alles viel zu langweilig und abgestanden, ebenso wie ihm die Tugend viel zu langweilig und abgestanden erschien. Ihm dient auch die Philosophie nicht, damit man schlafen lerne, sondern zum geraden Gegenteil:

> »Wozu (fragt er) geht unsereins denn abseits, wird Philosoph ... wird Gespenst? Ist es nicht, um die Tugend und das Glück los zu sein? – Wir sind von Natur viel zu glücklich, viel zu tugendhaft, um nicht eine kleine Versuchung darin zu finden, Philosophen zu werden: das heißt Immoralisten und Abenteurer ... wir haben für das Labyrinth eine eigene Neugierde, wir bemühen uns darum, die Bekanntschaft des Herrn Minotaurus zu machen.«

Es ist nicht bei dieser kleinen Versuchung geblieben, es wurde ein großer Versuch daraus. Diese menschliche, götterlose und dämonenlose, diese nur menschliche Welt ist ihm zu schal und vor allem zu klein geworden. »Ich gehe durch dieses Volk« – sprach Zarathustra, der Prophet oder Religionsstifter, dessen Kostüm und Diktion Nietzsche angenommen hat, weil er die Diktion der Wissenschaft verschmähte – »und halte die Augen offen: sie sind kleiner geworden und werden immer kleiner: – das aber macht ihre Lehre von Glück und Tugend.« Denn »Tugend ist ihnen das, was bescheiden und zahm macht; damit machten sie den Wolf zum Hunde und den Menschen selber zu des Menschen bestem Haustier«. So verdammt er wieder und wieder die Mittelmäßigkeit und mit der Mittelmäßigkeit die Mäßigkeit und mit der Mäßigkeit das menschliche Maß überhaupt und mit dem menschlichen Maß schließlich alle Begrenzung des Menschen, nämlich Gott selber. So imaginiert er einen Typus, der größer ist nicht nur als der kleine Mensch, größer nicht nur als der mittelmäßige Mensch, größer nicht nur als der mäßige Mensch, sondern größer als der Mensch überhaupt: den Übermenschen. So verachtet und verspottet er das kleine Glück, das Fliegenglück, das Lämmerglück – und all das mutet uns an wie eine Antwort auf Montesquieu, über anderthalb Jahrhunderte herübergerufen, und mit so lauter Stimme, daß man fast meinen möchte, sie hätte ihn aus dem Grabe wecken müssen. Und mit dem kleinen Glück, dem braven erlaubten Behagen, verwirft er das Glück überhaupt, auch und vor allem das eigene: »Mein Leid und mein Mitleiden – was liegt daran! Trachte ich denn nach meinem Glücke! Ich trachte nach meinem Werke!« In diesem Ausspruch liegt auch ein eigentliches Zeugnis für das wahrscheinlich spezifisch deutsche Ethos der Arbeit, die um ihrer selbst willen getan wird und nicht um der Befriedigung der Bedürfnisse, um des Wohlstands, des Genusses oder eben des menschlichen Glückes willen. Nur daß dieses Arbeitsethos hier ins Ungeheure gesteigert ist. Mit der Verdammung des Glücks und des Strebens nach dem Glück will Nietzsche zugleich die gesamte bürgerliche Moral und Gesellschaft treffen, welche er, wahrscheinlich durch ein grandioses Mißverständnis, sofort auch mit der christlichen Lehre und der christlichen Weltordnung identifiziert hat. Auch Nietzsche hat den Begriff des Glücks, freilich auf seine Weise, mit dem Christentum in Zusammenhang gebracht, und er war gesonnen, diesen Begriff des Glücks, nämlich des dauernden, beständigen Glücks, als einer Ordnung des Lebens im ganzen, mit allen seinen Wurzeln, also auch mit dieser tiefsten Wurzel, und das eben heißt radikal, auszurotten. Und was setzt er an die Stelle? An die Stelle des Glücks setzt er eben das Werk, das Schaffen als solches; an die Stelle des Maßes das Übermaß, an die Stelle der Tugend die Macht, an die Stelle der Bildung die Züchtung; an die Stelle des zivilisierten Lebens in Städten die Einsamkeit der Bergeshöhe, an die Stelle der behaglichen Ofenwärme die kalte Luft der Gipfel und die Hitze des südlichen Mittags; an die Stelle des Menschen den Übermenschen, bisweilen auch, mehr metaphorisch, den Löwenmenschen, die prachtvolle Bestie – Zarathustras heraldische Tiere sind Adler und Schlange, also Herren der Wildnis, nicht Kuh und Hund, auch nicht und erst recht nicht Lamm und Taube; und an die Stelle der Hoffnung – dies sage ich mit Bedacht zuletzt –, an die Stelle der Hoffnung setzt er den tragischen Untergang, mit einem Wort: den Heroismus.

»Ich liebe den«, – sagt Zarathustra – »welcher sich schämt, wenn der Würfel zu seinem Glücke fällt, und der dann fragt: bin ich denn ein falscher Spieler? – denn er will zugrunde gehen.«

In diesem Ausspruch scheint die äußerste Grenze dieser Feindschaft gegen das Glück erreicht. Denn dieser Held, der hier angerufen wird, der Held, der untergehen will – man merke genau auf, was das besagt! –, hat ja nicht einmal nur das Glück des zivilisierten Lebens, das geregelte Glück des bürgerlichen Menschen, des Maßes und der Mäßigung von sich geworfen. Sonst nämlich hat Nietzsche gerne den Zufall gepriesen als den Gegenspieler der Vernunft und hat ausgerufen: »Daß du mir ein Göttertisch bist für göttliche Würfel und Würfelspieler!« Aber hier mißtraut der Held nicht nur der Vernunft, sondern auch noch dem Zufall selbst, eben diesem Würfelspiel, wenn es ihm nämlich ein Glück zuspielt. Als ob er bemerkt hätte, daß es ja wirklich nicht die Götter mehr sind, die da würfeln, daß dieses Wort »Götter« nur noch Schemen, nur noch klassische Erinnerungen wachruft. Dieser tragische Held will auch diese blinden Zufälle nicht annehmen, er will selber spielen, mit sich selber spielen, gleichsam die Zufälle selber schaffen, die sein Schicksal ausmachen. Darum sucht er die Gefahr auf. Darum heißt die berühmte Parole, von der Nietzsche sagt, sie sei das Geheimnis, die größte Fruchtbarkeit vom Dasein einzuernten: »Gefährlich leben!« Vivere pericolosamente – so ist sie ja zur Parole des Faschismus geworden. Dieses Wort kann in der Tat als Motto jenes modernen tragischen Heroismus, dieses absoluten Heroismus gelten, dessen Kronzeuge Friedrich Nietzsche ist.

*

Die Antithese ist auf ihrem Höhepunkt. Wir könnten nun in die Dialektik der beiden Positionen eintreten, die einander so radikal gegenüberstehen. Zuvor aber noch eine Zwischenbemerkung: Sie soll verhindern, daß dieser Gegensatz zwischen Glück und Heroismus als ein ausschließender Gegensatz zwischen französischem und deutschem Geiste aufgefaßt wird. Was die deutsche Seite betrifft, so ist schon anfangs daran erinnert worden, daß auch wir unser achtzehntes Jahrhundert gehabt haben. Kant lehrte zwar die Pflicht, wie jedermann weiß, aber er lehrte auch die Glückseligkeit, was nicht jedermann weiß. Es fehlt aber auch umgekehrt auf der französischen Seite keineswegs die Position des modernen oder absoluten Heroismus, wenn sie auch dort eine andere Variante erhalten hat – eine Variante übrigens, die man ebensogut ästhetisch wie politisch nennen muß. Es gibt mindestens *einen* neueren französischen Schriftsteller, der aus einem ähnlichen Überdruß an der bürgerlichen Sicherheit und Zufriedenheit, aus einem ähnlichen Durst nach dem Erhabenen, wie er Nietzsche beseelt hat, zu ähnlich radikalen, wenn auch nicht so ausdrücklich tragischen Schlüssen gekommen ist: *Georges Sorel*. Auch er – mit seinem »pessimisme armé« – bekämpfte die Mediokrität, auch er verschmähte das gegenwärtige wie auch das zukünftige Glück, das Glück der Bürger wie das Glück der Utopisten. Auch er war davon überzeugt, daß der Krieg der Naturzustand der Menschen und der eigentlich produktive Zustand sei – der Krieg und nicht der Friede, den Montesquieu doch für »la première loi naturelle« erklärt hatte. Und das radikale politische Programm, das Sorel zu Beginn dieses Jahrhunderts verkündet hat, war wohl das Ergebnis nicht so sehr eines ursprünglich politischen Geistes als vielmehr eines ästhetisch-moralischen Gefühls. Er liebte und wünschte die Revolution und den Generalstreik, weil die Revolution die schönsten Beispiele von Heroismus gebe – das sind seine eigenen Worte. Und er fügt hinzu, er erkläre diese Erscheinung dadurch, daß die Menschen in einem Kampfe, der entweder mit Triumph oder mit Sklaverei endigen müsse, natürlicherweise das Gefühl des Erhabenen (darauf kommt es an!) gewinnen müßten. Obwohl er also diesen Heroismus nicht bei den Herrenmenschen findet, die Nietzsche züchten wollte, sondern im Gegenteil gerade bei der Masse, so ist doch das Grundgefühl und die Idee von Heroismus überhaupt derjenigen Nietzsches mindestens verwandt.

Ebensowenig wie der Gegensatz zwischen Glück und Heroismus ein ausschließender nationaler Gegensatz ist, ebensowenig ist er aber auch ein ausschließender sozialer Gegensatz in dem Sinne, daß das Glück schlechthin eine Sache des Bürgertums, der Heroismus schlechthin eine antibürgerliche Haltung wäre. Nicht einmal der bestimmte Heroismus Nietzsches ist dies, der durch die Parole »gefährlich leben« charakterisiert ist. (Indem wir dies feststellen, treten wir nun bereits in die Dialektik der Sache selbst ein.) Der Beweis für diese Behauptung liegt vor allem in der unbestreitbaren Tatsache, daß auch und gerade der bürgerliche Kapitalismus des späten neunzehnten Jahrhunderts durchaus solche Züge von modernem Heroismus in Nietzsches Sinne zeigt. In seiner vollkommensten Phase sehen wir zwar auf der einen Seite ein ausgebildetes System der Wohlfahrt, der totalen Versicherung gegen alle Unglücksfälle des Lebens, den Tod selber eingeschlossen; aber wir sehen auf der anderen Seite zugleich auch das stete Wagnis, das den kühnen Unternehmer auszeichnet, und wir sehen vor allem solche Gestalten von Unternehmern oder »Gründern«, die »Herrenmenschen« und große Spieler sind, wie sie sich Nietzsche wünscht, und wenn sie freilich auch nicht geradezu untergehen wollen, so setzen sie doch in dem allerdings ungöttlichen Würfelspiel der Börse, in diesem sehr gefährlichen Spiel der steigenden und stürzenden Werte, das in den Krisenzeiten oft genug durch keinerlei Mäßigung und gewiß nicht durch Mediokrität ausgezeichnet war, bisweilen alles und dazu sich selber ein, um entweder noch mehr zu gewinnen oder alles zu verlieren. Diese ökonomischen »Seiltänzer« (um abermals einen Lieblingsausdruck Nietzsches anzuführen) waren freilich dem bürgerlichen Mittelstand, der mit gutem Grund in diese Strudel mitgerissen zu werden fürchtete, durchaus verhaßt, und so ist es in der Tat richtig, was ein zeitgenössischer Kommentator des Zarathustrabuches in aller Harmlosigkeit angedeutet hat, daß nämlich Nietzsche mit dem Behagen und dem kleinen Glück und namentlich mit dem Gleichnis der wiederkäuenden Kühe den Mittelstand gemeint habe. Der Mittelstand ist aber nicht die ganze bürgerliche Welt. Und also darf man auch den Heroismus Nietzsches nicht als eine schlechthin antibürgerliche Konzeption auffassen; in gewisser Weise gehört er zu einem Teil sogar zur bürgerlichen Epoche hinzu.

Ferner muß das historische Bild, das ich zuvor als einen radikalen Gegensatz gezeichnet habe, auch nach der anderen Seite korrigiert werden. Der intensive Wunsch nach dem Erhabenen, nach der Größe des Menschen, tritt nicht erst als Reaktion am Ende des bürgerlichen Zeitalters auf, sondern ist auch an seinem Anfang vorhanden – selbstverständlich in ganz anderer, spezifischer Prägung und Formulierung. Und dafür ist gerade wiederum Montesquieu ein guter Zeuge – derselbe Montesquieu, der die Mäßigung und die Genügsamkeit gepriesen und schließlich sogar die Mediokrität gerechtfertigt hatte. Wir haben ihn bisher nicht vollständig kennengelernt. Nicht selten beklagt er den Untergang der Heldenzeiten und der ritterlichen Welt; so ist im »Esprit des lois« zum Beispiel von den heroischen Tugenden die Rede, »die wir bei den Alten finden und die wir nur vom Hörensagen kennen.« Und noch deutlicher stellt er an einer sehr merkwürdigen Stelle in den Tagebüchern fest, daß wir Heutigen in eine Gleichgültigkeit verfallen seien, die uns unempfindlich mache und unfähig zu allem, was Kraft fordere; daß es weniger Gelegenheiten gebe, sich auszuzeichnen; und daß zumal der Krieg neuerdings mehr in der Kunst der methodischen Berechnung bestehe als in den persönlichen Eigenschaften derer, die sich schlagen; »man kennt« – fährt er fort – »bei jeder Belagerung die Zahl der Soldaten, die man dabei opfern wird.« Aber freilich, dieser Heroismus, den er entschwunden glaubt, ist nicht der moderne, sondern im Gegenteil gerade der alte, der selbstverständliche, sozusagen standesgemäße Heroismus des Adels, der feudale Heroismus. Denken wir daran, daß Montesquieu selbst nicht Bürger war, sondern Edelmann: Charles de Secondat, Baron de la Brède et de Montesquieu. Und auch an den Helden der Vorzeit sieht und liebt er nicht sowohl ein tragisches Element, als vielmehr ein wohltätiges: indem sie in die Wildnis hinauszogen und die Untiere erlegten – wie Theseus den Minotaurus –, setzten sie den Anfang der Zivilisation, bereiteten sie, gerade durch ihren Heroismus, den Boden der Humanität. Er seinerseits hätte wohl lieber die Bekanntschaft des Herrn Theseus als diejenige des Herrn Minotaurus gesucht. Es sind aber nicht einmal nur die wohltätigen Helden der Vorzeit und auch nicht allein die adligen Ritter, die in seinen Gesichtskreis traten und seine Bewunderung hervorriefen, es ist, vor allem in seinen historischen Betrachtungen, dazu noch die Größe gewisser Fürsten, die er als eine notwendige Tugend kennt und preist. Die Größe ist ohne Zweifel das Gegenteil der Kleinheit, und auch das Gegenteil der Mittelmäßigkeit, und der Begriff der Größe bildet sozusagen ein eigentliches Mittel- oder Verbindungsstück zwischen den Begriffen des Glücks und des modernen Heroismus. Ich will ein extremes und auf den ersten Blick paradoxes Beispiel anführen dafür, wie er diesen Begriff der Größe verstand: es ist die Beschreibung des Hunnenfürsten Attila, die in dem Buche über die »Grandeur et décadence des Romains« enthalten ist. Attila ist weder ein Bürger noch ein Edelmann. Er gehört überhaupt nicht einmal der zivilisierten Welt an. Er ist ein Barbar, ein Hunne – aber: »Dieser Fürst« – so schreibt Montesquieu – »in seinem Holzhause ... Herr aller barbarischen und in gewisser Weise fast aller gesitteten Völker, war einer der großen Monarchen, von denen die Geschichte spricht.« Worin besteht aber diese Größe, wie sie Montesquieu sieht? Nicht in der Macht noch im Willen zur Macht, wenigstens nicht in der Macht als solcher. Nicht darin, daß Attila übermenschlich oder ein Übermensch gewesen wäre. Nicht im Übermaß, aber allerdings auch nicht im Maß, in der Mäßigung, die Montesquieu doch sonst über alles schätzt und nicht müde geworden ist, den Fürsten zu empfehlen. Was er vielmehr an Attila lobt, ist ein gewisser naiver Instinkt für die Treue auch gegen Unterworfene, für die Milde, wenn sie seinem Interesse entsprach – »niemals machte er Krieg, wenn der Friede ihm genug Vorteil verschaffen konnte«, und es sind schließlich seine einfachen Sitten, die Abwesenheit jedes Luxus. So bietet er zwar keineswegs das Bild eines gesitteten Menschen oder gar eines honnête homme, er bleibt vielmehr Barbar, der er ist; aber jene Instinkte stellen doch gleichsam die Vorform derjenigen Tugend, Genügsamkeit, Gerechtigkeit, Weisheit und Milde dar, die, entwickelt und bewußt gemacht, auch die Größe des humanen Fürsten ausmachen. Wir haben hier die literarische Figur des edlen Barbaren vor uns, die wohl auch sonst in den Schriften des aufgeklärten Zeitalters wiederkehrt. Und wir sehen also, daß selbst an dieser äußersten Grenze des Gesichtskreises Montesquieus, dort nämlich, wo er den Barbaren und Eroberer schildert, die »Größe« noch immer durch eine schmale, aber tief eingeschnittene Kluft von jenem absoluten Heroismus geschieden bleibt, den Nietzsche gefordert und als Wunschbild ausgemalt hat. Denn dieser sucht ja die Gefahr um ihrer selbst willen auf, und er sucht und bejaht seinen eigenen Untergang. Selbst Attila ist kein solcher tragischer Held.

*

Und dennoch muß es gelingen und kann es gelingen, diese beiden antagonistischen Ideen, das Glück und den Heroismus, aus den geschichtlichen Fesseln herauszuwinden, in denen wir sie liegen sahen – die eine bei Montesquieu am Anfang des bürgerlichen Zeitalters, die andere bei Nietzsche am Ende dieses Zeitalters. Denn die beiden Begriffe gehören dialektisch zueinander, und ihr Widerstreit muß sich in diesem Prozeß auflösen lassen. Sowohl in der Philosophie als auch in der Politik und in der Realität der menschlichen Gesellschaft. Die Philosophie kann diese Dialektik immerhin in Gedanken skizzieren und vorbereiten. Und es soll nun zum Schluß versucht werden, gleichsam mit einem kurzen Griff zwar nicht den Knoten zu lösen, wohl aber ihn richtig zu knüpfen. Denn bisher haben wir ja noch keinen Knoten, sondern, um im Bilde zu bleiben, nur zwei Seile, die einander gegenüberliegen; sie heißen Glück und Heroismus. Ich will versuchen, diesen Knoten so einfach als möglich zu knüpfen.

Das Glück ist in dieser Welt nicht leicht gewonnen und noch weniger leicht befestigt. (Das bezeugt selbst Montesquieu, denn sonst hätte er nicht zu philosophieren brauchen, weder über den Menschen noch über den Staat.) Es ist Größe und es ist sogar Heldentum nötig, um das Glück und gar ein dauerhaftes Glück zu begründen. Man muß also bisweilen gefährlich leben können, gerade um des Glückes willen. Das gilt ebensogut vom individuellen Leben – welche

Gefahren birgt nicht zum Beispiel die Ehe! und doch auch welches Glück! – wie vom Leben der Gruppen, Völker und Staaten. Genau so wichtig aber ist der andere Satz: Nur wer das Glück kennt, sei es aus der Erfahrung, sei es auch nur aus dem Wunsche –, nur wer das Glück kennt, ist wirklich imstande, gefährlich zu leben, eigentliche Gefahren überhaupt wahrzunehmen, zu bestehen oder auch in ihnen unterzugehen. Denn nur dieser weiß, was er opfert, was er möglicherweise zu verlieren hat: Erinnerung und Hoffnung – und die Erinnerung ist vielleicht nichts anderes als eine versenkte Hoffnung. Der es aber nicht kennt, der opfert gar nichts, und kann also auch kein Held sein, selbst wenn er auch sein Leben hingäbe. Aber in Wahrheit gibt es, genau besehen, keinen Menschen, der es nicht kennte. Denn es gibt keinen Menschen, der nicht hoffte, wenn auch sehr viele Menschen, die nur auf die kürzeste Sicht, gleichsam auf den nächsten Tag, hoffen. Wir können aber das Glück nicht besitzen, denn sobald wir es besitzen, wäre es kein Glück mehr. Wir können es nur als Gnade annehmen, und dann fühlen wir es wie eine Verheißung, wie eine wirklich gewordene Hoffnung. Und dies wiederum weiß niemand besser als der, der in der Gefahr gelebt hat, der wachsam und mutig ist – einen Helden möchte ich ihn jetzt nicht nennen, denn das ist ein großes Wort.

Michel de Montaigne starb am 13. September 1592 im Alter von neunundfünfzig Jahren und sieben Monaten. Es ist nichts Besonderes an seinem Tod oder vielmehr an seinem Sterben zu bemerken. Es wird erzählt, er habe in Bordeaux, seiner Heimatstadt, deren Maire er früher vier Jahre lang gewesen war, einen Schlaganfall erlitten, der ihm drei Tage lang die Zunge gelähmt habe; bei klarem Geiste habe er sein Ende nahen gefühlt und darum seiner Gemahlin geschrieben, daß man ihm einige Edelleute seiner Nachbarschaft schicke, die ihm in seinen letzten Augenblicken beistehen möchten; nachdem sie gekommen waren, habe er die Messe in seinem Zimmer lesen lassen, und in dem Augenblick der Erhebung der Hostie, als er sich in seinem Bette habe aufrichten wollen, sei er von der letzten Schwäche befallen worden, aus der er nicht mehr erwachte. Andernorts wird noch berichtet, er habe auch sonst alle nötigen Vorkehrungen getroffen; so sei er kurz vor seinem Ende aus dem Bett aufgestanden, habe den Hausrock übers Hemd gezogen, den Schreibtisch geöffnet, alle seine Diener und sonstigen Legatare rufen lassen und ihnen selbst die Legate ausbezahlt, die er ihnen im Testament vermacht hatte, weil er – so heißt es – die Schwierigkeiten vorausgesehen habe, die seine Haupterben in diesem Punkte machen würden oder könnten.

Das ist alles. Wenn man also nicht die Ordnung bewundern will, mit der sich da alles vollzog, die Wachheit und die Haltung des Einverständnisses mit dem Unvermeidlichen, die aus dem Bericht zu erkennen ist, – sonst ist jedenfalls gewiß nichts zu bewundern oder zu bemerken. Nichts Ungewöhnliches. Montaigne ist auf eine sehr gewöhnliche, normale Art gestorben. Gerade dies war ganz nach seinem Sinn – wenn man so sagen darf, da doch der Mensch seines Todes nicht mächtig ist. Daß er es nicht ist, hat der Philosoph Montaigne sehr genau gewußt, und nicht nur das: er hat es unablässig gelehrt, als den Angelpunkt aller Weisheit und den Hebel des richtigen Lebens. An diesen Gedanken sich zu gewöhnen – so daß es eben ein »gewöhnlicher« Gedanke wird –, daß wir nämlich in jedem Augenblick unseres Lebens, ob es nun kurz oder lang war bis dahin, ob wir Kinder, Jünglinge, Männer oder Greise sind, dem Tode ausgesetzt, daß wir, mit einem einzigen und sehr tiefsinnigen Worte, sterblich sind: das war Montaignes innerste Lebensregel. Darum auch ist Montaignes Tod bei all seiner Gewöhnlichkeit dennoch des Bemerkens und Gedenkens wert, weil es derjenige Tod ist, mit dem er sich, nach seiner eigenen, oft wiederholten Aussage, sein ganzes Leben hindurch vertraut gemacht, »familiarisiert« hatte. Nicht etwa, daß er ihn gesucht oder auch nur ersehnt hätte – im Gegenteil: er verspottete diejenigen, die sich mit einer »indiskreten Begierde« dem Tod in die Arme werfen, nicht weniger als jene anderen und mehreren, welche ihn fliehen, fürchten oder trügerisch übersehen. Zwischen beidem, der Flucht vor dem Tode und der Sucht nach dem Tode, lehrte er die Mitte zu finden, die maßvolle oder auch gleichgültige Mitte, ein vollkommen gewöhnliches Verhalten, ohne Klage und ohne Freude, ohne Angst und ohne Trost, mit Anstand wehrlos, ohne Seufzer, aber auch ohne die heroische Attitüde der Selbstüberwindung, ein gefühlloses Gefühl gleichsam – und er pries den »einzigen Sokrates«, weil er dem Tode mit einer ganz gewöhnlichen Miene begegnet sei, »d'un visage ordinaire«.

Das ist leicht gesagt. Montaigne freilich hat es nicht leicht-hin gesagt. Er hat es immer wieder gesagt, in tausend Spiel-arten, Anwendungen, Seitenblicken, und sein ganzes be-rühmtes Buch, die »Essais« – die Ausgabe, die ich besitze, zählt immerhin fünf Bände mit zusammen ungefähr zwei-tausendfünfhundert Seiten –, ist durchzogen von diesem Gedanken an den Tod, von dieser Lehre der Angstlosigkeit oder, wie er selber sie definiert, der eigentlichen und einzi-gen »Freiheit«, die der Mensch erringen könne und die für ihn nichts Finsteres oder Melancholisches in sich hat, son-dern gerade im Gegenteil die wahre Heiterkeit und Be-quemlichkeit des Lebens ermöglicht. Weswegen man ihn, mit gutem Recht, unter die Epikuräer rechnet. (Eben diese geistige Konstitution ist es – nebenbei gesagt –, die bis zum heutigen Tag auch bei uns im volkstümlichen Sprachge-brauch unter dem Namen eines Philosophen begriffen wird: »Das ist ein Philosoph«, das meint für gewöhnlich soviel wie einen Epikuräer, einen Mann jedenfalls, der immer zu-frieden ist, sein Herz an nichts hängt und stets bereit ist abzutreten.) »Wer die Menschen zu sterben lehrte, der lehrte sie zu leben«, sagt Montaigne: Qui apprendrait les hommes à mourir, leur apprendrait à vivre. Er hat es also keineswegs leichthin gesagt wie so viele kleineren »Weisen« nach ihm, die gar nicht ermessen konnten, was sie sagten, aber er hat es vielfach, seiner Laune gemäß, auf eine leichte Weise gesagt. Vor allem in den zahllosen Bemerkungen über sich selbst, seine Gewohnheiten, Empfindungen, Er-fahrungen, von denen sein Buch voll ist und in denen er, weit entfernt von allem Selbstlob wie auch von aller Selbst-anklage oder Reue, welches beides ihm nämlich gleich eitel erschien, in denen er vielmehr seine souveräne Skepsis gleichsam am nächstliegenden und vertrautesten Objekt demonstriert. Wenn er auf Reisen sei, sagt er zum Beispiel einmal (in dem Kapitel über die Eitelkeit), so sehe er sich sein Logis immer sogleich daraufhin an, ob es angenehm wäre, darin krank zu werden und zu sterben. »Ich suche dem Tod zu schmeicheln durch solche unbedeutenden Umstände«, fügt er hinzu.

Soviel ich gefunden habe, gebraucht er nur ein einziges Mal ein eher pathetisches Mittel des Stils und der Überredung, um seine Leser von der Angst zu jenem »visage ordinaire« zu bekehren: das ganze Buch handelt ja, als das klassische Grundbuch eines »Moralisten«, von tausend menschlichen Gegenständen oder Menschlichkeiten, von der Trauer, von den Trieben, vom Müßiggang, von den Lügnern, von der Standhaftigkeit, Feigheit, Furcht, Einbildungskraft, Gewohnheit, Kindererziehung, Freundschaft, Mäßigkeit, Reue, Zerstreuung, von der Unterhaltungskunst und von der Kleidung, auch von der Poesie, auch von der Größe, von Leidenschaft und Tugend, Glück und Ehre, und in alledem, ausdrücklich oder nicht, auch immer vom Tode und von der Sterblichkeit, – aber im neunzehnten Kapitel des ersten Buches handelt er ganz systematisch (»systematisch« natürlich in der lockeren, bald erzählenden, bald zitierenden, bald deduzierenden Weise des »Essais«, die er zur Vollkommenheit entwickelt hat) von eben diesem innersten Thema: »Que philosopher c'est apprendre à mourir« ist dieses Kapitel überschrieben. Philosophieren heißt sterben lernen. Und darin gibt er das Wort, das er sonst so gerne selbst führt, für eine kurze Weile einer anderen Stimme, nicht eines der geliebten klassischen Autoren, die überall ausgiebig angeführt sind, nicht dem Horaz, Lukrez, Vergil, Tacitus oder Cicero, sondern einer höheren und stärkeren Stimme, von deren Laut er eine andere Wirkung erhofft: der Natur selbst. »Geht aus dieser Welt so, wie ihr in sie eingetreten seid«, – so spricht sie zu den Menschen – »... ohne Leidenschaft und ohne Schrecken, ... er ist ein Teil von euch, der Tod, ... ihr flieht euch selbst, wenn ihr ihn flieht ... all euer Leben geht auf Kosten des Lebens ... die fortgesetzte Arbeit eures Lebens ist, den Tod zu erbauen ... Wenn ihr einen Tag gelebt habt, habt ihr alles gesehen, ein Tag ist wie alle Tage ... macht anderen Platz wie andere euch Platz gemacht haben ... wann immer euer Leben endigt, ist es ganz ... der hat lange gelebt, der zu leben verstand ... Warum beklagst du dich über mich und das Schicksal? Tun wir dir unrecht? Ist es deine Sache, uns zu regieren, oder unsere, dich?« Und dann: »Damit ihr euch in derjenigen Mäßigung einrichtet, die ich von euch verlange – nicht das Leben zu fliehen und nicht den Tod zu fliehen –, habe ich das eine wie das andere abgestimmt zwischen Süßigkeit und Bitterkeit.« Man sieht, auch diese mächtigere Stimme (de notre mère nature) spricht hier nicht mit Donnerworten. Ihr Ton ist kühl, milde und trocken, etwas müde vielleicht, und sie hält auch nicht so sehr viel von sich selbst, – ganz wie Montaigne. Es ist seine Stimme, die sie geliehen hat. Das eine weiß sie freilich und verschweigt's auch nicht: daß sie es ist, die die Regierung in der Hand hat. Und diesen einen Augenblick klingt es eisig aus ihrem Munde, und sie scheint die Krallen zu zeigen, aber auch das ohne Hast, gleichmütig feststellend, und es ist, als ob sie diese ihre eigenen Krallen und Tatzen sinnend betrachtete, derweil sie so redet. Als ein Machthaber, der schlechterdings nicht zu erschüttern ist und sich also auch nicht zu erregen braucht. Notre mère nature.

Ob im leichten oder schweren Ton, aus menschlichem oder übermenschlichem Munde – immer also wird es mit dem gleichen Gleichmut gesagt. O dieser Gleichmut! Nicht das Leben fliehen und nicht den Tod fliehen: Das ist freilich ein guter Rat der Mutter Natur, aber was ist das für ein Leben, aus dem wir jeden Augenblick und ohne Klage sollen abtreten können, wie muß es denn beschaffen sein! Montaigne empfiehlt überall die Tugend, aber nicht aus Eifer, sondern aus Bequemlichkeit, und weil sie Bequemlichkeit verschaffe. Die Tugend sei eine höhere Art von Wollust, sagt er einmal, und die gewöhnlich so benannte Wollust verdiene diesen Namen kaum, da sie doch so viel Aufregungen und Verwirrungen im Gefolge habe. Ein ganz gewöhnliches Leben sollen wir führen wie alle andern auch und wie er, Montaigne, selber – er war kein Einsiedler, er hat gegessen und getrunken, ist gereist, hat Ämter gehabt, geheiratet, Kinder gezeugt, Freunde besessen, Bücher geschrieben, ja er hat sogar in seiner Sterbestunde die Messe lesen lassen. Nur dies alles ohne Leidenschaft. Immer so, daß man's jederzeit auch aufgeben kann. Und also doch nicht wie die andern, weder wie die Kleinen noch wie die Großen, weder wie die Liebenden noch wie die Hassenden, weder wie die Gerechten noch wie die Sünder, weder wie die Tätigen noch wie die Leidenden, weder wie die Helden noch wie die Märtyrer, noch wie die Glücklichen.

»Die Richtschnur seines Handelns ist in allem die Bequemlichkeit und die Ruhe« – so urteilt ein Liebhaber von Montaignes Schriften, nämlich *Blaise Pascal* in jenem denkwürdigen Gespräch (über Epiktet und Montaigne), das er im Kloster Port Royal mit Herrn de Sacy führte – es ist von dessen Sekretär protokolliert und so der Nachwelt überliefert worden – und das gut sechzig Jahre nach Montaignes Tod stattfand. Es enthält die klarste und knappste Darstellung von Montaignes Ansichten und zugleich die schärfste und tiefste (dialektische) Widerlegung derselben. Der am meisten überraschende Tadel, den Pascal gegen Montaigne ausspricht, ist dieser: Montaigne fliehe den Schmerz und den Tod, weil und indem er ihnen nicht widerstehen wolle. Von ihm, der immer gelehrt hat, daß wir den Tod nicht fliehen sollen, heißt es nun, er fliehe ihn selber und gerade deswegen, weil er ihm nicht widerstehen wolle. »Er flieht den Schmerz und den Tod, ... aber ohne daraus zu schließen, daß sie wirkliche Übel sind.« Denn der Tod ist ein wirkliches Übel – das ist es. Dieser Einwand Pascals ist in der Tat zwar höchst überraschend, aber auch höchst wahr. Pascal schätzt an Montaigne die skeptische Deutlichkeit, mit der er »das gegenwärtige Elend des Menschen erfahren hat«, aber er tadelt, daß er »von der ursprünglichen Würde des Menschen nichts weiß« und daß er ebendeswegen in das »Laster der Trägheit« verfallen sei. Er habe die Ohnmacht des Menschen erkannt, aber nicht seine Pflicht.

Es war also, wenn wir vieles und möglichst alles bedenken, dennoch zu leicht gesagt, was Montaigne und seine Mutter Natur über seinen eignen und unser aller Tod sagten. Dieses: Flieht den Tod nicht! Fürchtet den Tod nicht! Jener »visage ordinaire«, jene gewöhnliche Miene, die er am Sokrates rühmte, sie ist in Wahrheit das Ungewöhnlichste von der Welt. Dieser Gleichmut, dieses Gleichgewicht, ja diese Gleichgültigkeit Montaignes ist jedenfalls unnatürlich – trotz der Mutter Natur –, vielleicht sogar ungehörig (was nichts wider Sokrates besagen kann). Wo keine Angst ist, da ist auch keine Hoffnung mehr. Wie sollten wir denn den Tod nicht fürchten, da wir doch so vieles erhoffen – auch in dieser Welt. Wie sollten wir ihn nicht fürchten, den Tod der andern, die wir lieben (an den Montaigne und seine Mutter Natur kaum gedacht haben), und wohl auch den eignen.

Solche Furcht kann nicht mit Feigheit verwechselt werden, sie bezeugt mitten im Elend jene ursprüngliche Würde des Menschen, von der Pascal sprach, und auch seine Pflicht. Wir erhoffen vieles, und wir sollens auch kräftig erhoffen und bewirken. Ach wie gerne wollen wir noch unsre Menschenpflicht erforschen und erfüllen – wie gerne wollen wir uns noch bemühen!

GUT UND BÖSE

»Böses Auge!« antwortete Winnetou kurz.

Können wir zwischen Gut und Böse unterscheiden? Können wir's überhaupt? Können wir's noch? – Wie auch immer: Darüber, daß wir es tun, kann kein Zweifel sein. Viele Leute mokieren sich gerne über jene Gattung von Romanen, in denen einige Personen durchaus tugendhaft, einige andere – oder wenigstens eine andere – durchaus lasterhaft und böse sind und in denen dann am Schluß nach mancher harten Probe und Gefahr die Tugend siegt und derart die Gerechtigkeit hergestellt wird. Viele Leute mokieren sich darüber, aber noch mehr Leute lesen es, nähren sich davon, und mit Wollust. Sie leiden mit den Tugendhaften, kämpfen an der Seite der Rächer der Enterbten und triumphieren am Ende mit über der besiegten Bosheit, die als entseelter Wurm zu ihren Füßen liegt. So geht es freilich im Leben nicht aus – sagen sie dann wohl zu sich und anderen –, aber sie gehen darum nur noch leidenschaftlicher wieder ans Lesen, um sich aufs neue für diesen Mangel des Lebens zu entschädigen und auch, um die moralischen Wonnen auszukosten und den Lohn wenigstens in effigie einzukassieren, den sie selbst, die Leser selbst (und nicht bloß die Romanhelden) auch im Leben eigentlich und von Rechts wegen verdient zu haben gewiß sind. Die so tun, haben es wahrscheinlich nötig. Aber die sich mokieren, haben das zumeist ganz gewiß nicht nötig. Denn im Leben sind wir alle, diese Mokanten eingeschlossen, wenn wir zwischen Gut und Böse unterscheiden – oder besser gesagt: wenn wir von dieser Unterscheidung Gebrauch machen –, fast immer selber die Guten, und andere sind die Bösen. Gerade insoweit unterscheiden wir eben zwischen Gut und Böse. Kaum je einmal weiter oder anders oder gar umgekehrt. Und insofern befinden wir uns in Wirklichkeit sehr oft und gern auf der Hintertreppe, mögen wir sie in der Literatur auch belächeln. Es kann der Frömmste nicht in Frieden leben, wenn es dem bösen Nachbarn nicht gefällt: wie nützlich ist dieses Wort zur Selbstrechtfertigung und wie häufig wird es auch zu diesem Zwecke angewendet! Zwar ist, wie der solches Zitierende großmütig konzedieren mag, nicht jeder Nachbar böse, aber wenn jemand böse ist im Leben, so ist es gewiß und stets der Nachbar oder irgendein Nachbar. Oder man sagt auch: Die Welt ist böse – und insgeheim (so sehr insgeheim, daß man sich's selber kaum eingestehen würde) fügt man hinzu: mit einer einzigen Ausnahme, das bin ich, und das sind (allenfalls, je nach Lage der Dinge) die Meinigen. Diese böse Welt gleicht, so geht die Meinung weiter, einem Dschungel oder einer Savanne, wo hinter jedem Busch und Hügel Feinde lauern können, bekannte und unbekannte, die mit vergifteten Pfeilen aus dem Dunkeln schießen oder, weniger bildlich ausgedrückt, die mir meinen Platz und Besitz – mein bißchen Besitz, was ist das schon! – neiden und nur darauf bedacht sind, mich zu kränken, zu erniedrigen, mein Recht zu schmälern. Das Gefühl und die Sprache der Entrüstung ist das untrügliche Kennzeichen, die stereotype Verfassung dieser Guten nach der Hintertreppenweise. (Und wer hätte sich nicht schon einmal entrüstet!) Noch einmal gefragt – und diesmal etwas mehr aus der Ferne: Können wir denn zwischen Gut und Böse unterscheiden? – Wenn wir's nur so können, wie wir's auf der Hintertreppe unserer Lebens tun, so können wir's freilich überhaupt nicht. Denn so kann das Gute und das Böse unmöglich in der Welt verteilt sein. Man käme in die größten Schwierigkeiten, wenn man's im großen überschlagen wollte, müßte gar die Welt verdoppeln, denn einmal ist sie böse – als jeweilige Umwelt – und das andere Mal ist sie gut – insofern sie auch aus lauter einzelnen besteht, die sich für gut halten. Die Unterscheidung muß anders getroffen werden.

II

Der Übel größtes aber ist die Schuld.

Gut und Böse sind in der Tat anders in der Welt verteilt – schwieriger, wenn man es vom Interessentenstandpunkt aus betrachtet, einfacher, wenn man auf Erkenntnis bedacht ist. Die Guten, unsere Freunde, auf die wir alles gesetzt haben, für die wir die Hand ins Feuer gelegt hätten, enttäuschen uns mit einem Male, unser »Glaube« stürzt zusammen, die Maske ist gefallen, und der Gute steht als abgefeimter Schurke und Heuchler da – nur aus Einfalt hatten wir ihm so lange getraut. Und ebenso tritt der Böse mit einem Male aus seinem Dunkel hervor und uns zur Seite, wird uns nützlich – wir hatten ihm Unrecht getan, ganz offenbar –, er nötigt uns Achtung ab, zeigt sich tüchtig und wacker und voll guter Absichten, wir müssen ihm (im stillen) manches abbitten und reichen ihm die Hand zum Bunde. Wer kennte das nicht? So verkehrt sich alles, böses Auge wird gut, gutes böse. Das erschwert schon die Unterscheidung, denn wir können sie ja nicht ewig und immer wieder korrigieren. Nehmen wir also mehr Distanz! So zeigt sich vielleicht nicht sogleich am Bösen auch etwas Gutes, aber doch sehr bald am Guten etwas Böses. Und dieses Böse, das auch der Gute oder Edle nachschleppt, heißt: die Schuld. Jedermann, der in der Welt steht und handelt, lädt Schuld auf sich. Wir haben uns, unserer klassischen und Epigonen-Dramatik folgend und nachlebend, daran gewöhnt, die Schuld sozusagen als eine notwendige Zutat des Heldentums anzusehen, ja sogar – in einer Art Verblendung – dort, wo wir Schuld antreffen, auch schon Heldentum zu wittern. Das kommt eben daher, daß wir Schuld (wenn sie nicht gerade die erwiesene Schuld eines erklärten – das heißt durch öffentliches, autoratives Urteil erklärten – Verbrechers ist) sofort mit Schiller und dem Pflichtenkonflikt in Verbindung bringen. (Wir sind uns dieser Verbindung freilich in den seltensten Fällen bewußt – um so mehr Beweis, daß sie uns in Fleisch und Blut übergegangen ist!) »Wenn der Korinthier Timoleon seinen geliebten, aber ehrsüchtigen Bruder Timophanes ermorden läßt, weil seine Meinung von patriotischer Pflicht ihn zur Vertilgung alles dessen, was die Republik in Gefahr setzt, verbindet, so sehen wir ihn zwar nicht ohne Entsetzen und Abscheu diese naturwidrige, dem moralischen Gefühl widerstreitende Handlung begehen, aber unser Abscheu löst sich bald in die höchste Achtung der heroischen Tugend auf, die ihre Ansprüche gegen jeden fremden Einfluß der Neigung behauptet ...« Dies ist der authentische Ausdruck der schillerischen Pflichtenkollision: unser Abscheu löst sich in Achtung auf, und die Schuld, die jener Timoleon auf sich nehmen mußte, um seiner höheren Pflicht zu genügen, scheint im gleichen Augenblick schon fast wieder getilgt. Weiter – es ist viel darüber nachgedacht und geschrieben worden, worin Fiescos, worin Wallensteins Schuld liege – denn nur durch Schuld kann ihr Untergang erklärt werden –, aber eben diese Tatsache, daß man so viel darüber nachdenken muß, zeigt auch, daß wir von ihrer Schuld, nehmen wir das Wort nun in seinem ganzen schweren Sinne, so ernstlich nicht überzeugt sind; wir müssen sie wieder hervorsuchen, da wir sie im Grunde längst vergeben und vergessen haben. Nur ein kleiner Schritt, eine scheinbar unbedeutende Vergröberung – und solches Opfer der Neigung oder der nächsten Pflicht um der höheren willen wird zu einem Schema, nicht der Literatur, sondern des wirklichen Verhaltens, zu einem Schema, in dem wir uns geborgen fühlen, weil wir uns gerechtfertigt wissen. Aber nicht jede Schuld läßt sich derart für ein Opfer ausgeben, wenn man vor dem Entschluß auch gezaudert, eine Weile geschwankt, mit sich gerungen haben mag, – nicht jede Schuld ist nur ein Opfer, und der höhere Zweck rechtfertigt unsere Taten nur so lange, als auch die erste und nächste Pflicht noch als Pflicht, ihre Verletzung noch als Schuld ernstlich erkannt und gefühlt wird. Der Korinthier Timoleon brachte nicht nur ein Opfer seiner Neigung, sondern er beging zugleich auch ohne Zweifel eine böse Tat: er wurde schuldig, wobei wir jetzt ganz davon absehen wollen, daß in unseren neueren Zeiten die psychologische Motivation eines solchen Entschlusses nicht so einfach zu sein pflegt wie in den antiken Geschichten, – wir wollen Timoleons Bruderliebe durchaus nicht anzweifeln, die Reinheit seiner Absichten nicht verdächtigen. Timoleon wurde schuldig. Denn der nämliche Schiller, von dem jenes Schema sich herzuleiten scheint, hat doch zugleich darauf beharrt, daß die Schuld der Übel größtes sei und bleibe. Die Schuld können wir durchaus unterscheiden. Wenn wir uns nicht betrügen. Und wir sollen sie sogar unterscheiden.

III

Die Pythagoräer hielten das Gute
für gewiß und begrenzt,
das Böse aber
für unbegrenzt und ungewiß.

Können wir nun zwischen Gut und Böse unterscheiden?
Nun, da wir die Schuld von allem übrigen zu unterscheiden
und festzuhalten wissen, so, daß sie nicht wegdisputiert
werden kann? Und zwar jeder nicht bloß bei den anderen –
so kämen wir ja nur auf die Hintertreppe zurück –, sondern
vor allem bei sich selbst. Die Schuld ist ein Übel, der Übel
größtes, also ist sie böse oder sogar das Böse. (Man sollte
Shakespeares »Richard III.« nachlesen, um zu erfahren, was
Schuld ist, und um den Blick dafür zu schärfen, der Übel
größtes auch in der Wirklichkeit zu erkennen.) So unterscheiden wir also das Böse, aber nur das Böse für sich allein,
nicht auch zugleich das Gute. Man findet es auch nicht dort,
wo man das Böse fand – in der Welt oder in der Erfahrung.
Jedenfalls nicht so rein und unzweifelhaft wie dieses. Montaigne zum Beispiel bekannte, er finde auch in der besten
Güte, die er in sich habe, noch eine lasterhafte Beimischung.
In der Tat ist wohl alles Gute, das wir tun oder empfinden
können, jedenfalls von Eitelkeit, wo nicht gar von Nütz-
lichkeit angekränkelt. Da können wir das Gute nicht unterscheiden, durch wie scharfe Gläser wir auch sehen mögen,
wo wir das Böse unterschieden haben. Das Böse (als Schuld)
ist wirklich, in uns und außer uns in der Welt. Das Gute
aber ist Gesetz, und wir können es uns niemals einverleiben
oder aufessen oder es uns zunutze machen. Das Böse
schlechthin können wir nicht wollen (und wenn wir es wollen, so ist es schon fast nicht mehr böse), denn es ist nicht

eines und insofern ist es auch »ungewiß«, es ist überall und ohne Grenzen. Das Gute ist eines. Es steht unverrückbar, gewiß und begrenzt.

Der vollkommene Heuchler der Unschuldsmiene, der vollkommene Tartüffe müßte es nicht bloß draußen auf der
Gasse und sonst vor den Leuten sein, sondern ganz ebenso
zuhaus in der Einsamkeit seines »Kämmerleins«, vor sich
selbst also und, endlich, vor dem nämlichen Auge Gottes,
das er betrügen und gewinnen will.
Der Tartüffe alten Schlages ist, gegen diesen gehalten, noch
verhältnismäßig einfach und billig zu »entlarven«: der Sati-
riker oder Komödiendichter braucht ihn nur in seinen
heimlichen Verrichtungen zu belauschen, wo er sich so
reichlich für seine sonst zur Schau getragene Heiligkeit ent-
schädigt. Seine Lügen haben wahrhaftig kurze Beine; man
wundert sich nur, daß man das Triebwerk, die Maschine
seiner Heuchelei nicht schon früher schnaufen und stamp-
fen hörte. Er heuchelte Glaube und Unschuld, und am Ende
wird ihm die Maske heruntergerissen. Der neue Tartüffe
aber glaubt sich gläubig und geht als Märtyrer zugrunde.
Der neue, vollkommene Tartüffe verhält sich zu jenem alten
wie der Neurotiker zum bloßen Simulanten, oder wie die
Verwirrung der Sinne zur bloßen Verstellung. »Heuchelei«
ist ein Begriff aus alter Zeit – aus einer Zeit, da man dem
Menschen noch traute, da man die vollkommene Offenheit
und durchsichtige Eintracht von Blick und Rede, Handlung
und Gesinnung für das Gewöhnliche hielt. Er stammt aus
der Epoche des Ehrenmannes. Uns will es scheinen, daß der
Mensch kaum vor anderen heucheln kann, ohne selbst sich
in seiner Rolle zu verfangen, ihr zum Opfer zu fallen. Das
lenkende, masken-entwerfende und -verfertigende Innere
der Person verschwindet, verbirgt und verkriecht sich im-

mer mehr und ist doch zugleich in irgendeiner Weise, höchst unbeabsichtigt, im Alleräußersten gegenwärtig, wenn auch keineswegs für den Beobachter diagnostisch greifbar – wie die primitiv »durchschauenden« Physiognomiker meinen. Der Heuchler »verrät sich« immer und notwendig – auch wenn es kein Mensch merkt. Es kann einer nicht »in Wahrheit« dasselbe Gesicht machen oder aufsetzen wie ein Frommer in seinem unschuldigsten Augenblick, wenn er dies nur vorstellen will.

Aber freilich, wir kennen die Miene des unschuldigen Augenblicks nicht – oder wir kennen sie nur von Kindern und Frauen; und dort greift uns die Unschuld gerade dann mit heißer Rührung ans Herz, wenn sie sich vollkommen der Nachahmung hingeben, ohne Zweifel und ohne Zaudern. Das Baby in seinem Bettchen ergreift uns noch nicht als unschuldig – das ist bloß eine Fable convenue, es mag wahr sein, aber es ist nicht wahrzunehmen. Hingegen das Heranwachsende im Spiel, ganz der Befolgung der Spielregel verschrieben und gleichsam von ihr aufgesogen, oder beim Lernen, ganz durchdrungen von der Richtigkeit und Notwendigkeit des Lernens und dessen, was da gelernt wird, beim Aufsagen der »eingelernten« und womöglich ganz unbegriffenen Gebetchen; auch die Ladenmädchen im Kaffeehaus, ganz beschäftigt, eine modisch verordnete, durch den jeweils geltenden Filmstar buchstäblich kanonisierte »schöne« Haltung anzunehmen und vorzuführen – ja, sogar die Komödie selbst, die selbstlose Selbstdarstellung kann wieder durchaus unschuldig sein oder werden, so paradox verhalten sich die Dinge: das also sind Bilder der Unschuld, und es ist merkwürdig genug, daß uns dieses unbeschreibliche Gefühl, dieses überwältigende, lösende, rührende, auch zu Tränen auflösende, aber in einer tief beglückenden Weise auflösende Gefühl, der Unschuld zu begegnen, gerade dort und dann ergreift, wo der Mensch also am wenigsten er selbst zu sein scheint, wo er ganz und gar nur das Erwartete, Verordnete, irgendwie Vorgeschriebene tut und denkt, wo er nachahmt, freilich nur, wo er es ungezwungen tut. Vielleicht ist solche freie und eifrige Nachahmung – man kann sie auch bisweilen beim Sport wahrnehmen, wenn der gute Wille, es recht und durchaus recht zu machen, ein Wesen ganz ergriffen hat; und in allen möglichen Arten liebenden Gehorsams oder dankbaren Dienens, selbst mitten im sogenannten Laster, in der »Perversion« der Hörigkeit –, vielleicht ist solche Nachahmung des Rechten und Schönen oder doch in jedem Falle des für recht und schön Gehaltenen, ist solcher Gehorsam und Dienst im Grunde nichts andres als jener »Glaube«, wie ihn Christus meinte, wenn er sagt: Stehe auf, Dein Glaube hat Dir geholfen.

Sicherlich aber gehört der Glaube des einen Schächers hierher, welcher in seinem ganzen Elend so einfältig und doch sehr wahrscheinlich ohne alles Vorbedenken, ohne irgendwelche »tiefe Wandlung« oder dergleichen, ja möglicherweise, durchaus möglicherweise, sogar ohne Reue – denn wir brauchen gar keine Reue anzunehmen, um den einfachen und genauen Sinn seiner Worte und eben seines »Glaubens« aufzufassen – zu seinem Nachbarn am Kreuz die Worte sagte: Herr, gedenke meiner, wenn Du in Dein Reich kommst. Es genügt vollkommen, wenn wir annehmen, daß dieser Schächer nur hat sagen hören, daß sein Nachbar am Kreuz der Sohn Gottes sei, und daß er es eben ohne Zweifel und Zögern gerade in diesem Augenblick für wahr genommen, daß er dann freilich auch ohne jeden Rückhalt und Hintergedanken aus seiner Erniedrigung diese Worte gesprochen hat: Herr, gedenke meiner, wenn Du in Dein

Reich kommst. Vielfach wird diesem Schächer der Beiname des »Reumütigen« gegeben. Solche Reue ist ihm aber wohl angedichtet, mindestens ist sie nicht überliefert, denn das Anerkenntnis, daß ihm mit der Verdammnis recht geschehe, ist nicht Reue, sondern einfache Billigung der moralischen Weltordnung.

In diesem einen Augenblick, da er dies sprach, war der Verbrecher unschuldig – er wäre es selbst in dem Falle gewesen (sofern die Blasphemie hier gewagt werden darf), daß sein Nachbar in Wahrheit nicht der Herr, sondern ein falscher Prophet, und seine Gottes-Sohnschaft bloß eine Anmaßung gewesen wäre. Vielleicht nur in diesem einen Augenblick, und in diesem einen Augenblick jedenfalls war er unschuldig wie ein spielendes Kind, wie ein lernender Knabe, wie ein Mädchen, das sich bemüht, schön zu sein. Und in eben diesem Augenblick kehrt sich blitzartig sein ganzes Elend um, alles Vergangene, alle Schuld sogar ist für schlechthin *nichts* gerechnet, und einzig dieser Augenblick des Glaubens und der Unschuld *gilt*:

Heute wirst Du mit mir im Paradiese sein!

NACHBEMERKUNG

In diesem Bande sind fünfzehn Essays vereinigt, die untereinander in mannigfacher Beziehung und – nach dem Sinn
des Autors – sogar in einem einzigen Zusammenhang stehen. Gleichwohl wurden sie zu verschiedenen Zeiten und
unter verschiedenen Zeitumständen geschrieben. Leser, die
sich für diese Umstände der Entstehung interessieren, die
den Malen der geschichtlichen, namentlich der politischen
Konstellation nachzuspüren streben, finden im Inhaltsver-
zeichnis als dienlichen Hinweis jeweils die Angabe des Jah-
res der Niederschrift. Dies mag auch zum Verständnis der
verdeckten Schreibweise nützlich sein, die sich unter der
Diktatur ausgebildet hat.
Mit einer einzigen Ausnahme ist das Jahr der Niederschrift
auch zugleich das Jahr der ersten Veröffentlichung. Die
Ausnahme ist der Essay »Über eine Fabel von Lessing«, der
1943 verfaßt, aber erst 1946 veröffentlicht wurde. Die erste
Veröffentlichung fand zumeist in der »Frankfurter Zei-
tung« statt. Nur »Der Narr und der Weltlauf« erschien in
der »Neuen Rundschau«, »Über eine Fabel von Lessing«
und »Miene der Unschuld« erschienen in der »Wandlung«.

D. St.

Bibliothek Suhrkamp

Verzeichnis der letzten Nummern

Bibliothek Suhrkamp

Alphabetisches Verzeichnis